# 凱信企管

用對的方法充實自己，
讓人生變得更美好！

凱信企管

用對的方法充實自己，
讓人生變得更美好！

# 理解孩子心，
# 教養就容易

# 良性的溝通，親子相處好輕鬆

　　教養，光有滿滿的愛，是不夠的！

　　現今的父母，因為經濟環境的大躍進，所以輕易地就能滿足孩子想要的，心裡總想著：「傾盡一切，給孩子最好的，孩子一定能理解我對他的愛。」直到孩子的反饋出乎意料，才大嘆「父母難為」。殊不知，孩子也不斷地埋怨：「爸媽都不懂我要的是什麼！」

　　相信，你我都曾經有過：「爸媽，你們也當過小孩啊！為什麼就不能了解我在想什麼呢？」的感嘆。因為別說是現在，就連以前的父母也甚少「聆聽」或「了解」自己的孩子，只要一發現孩子的行為出現問題，有了偏差，便開始心急地要求、命令：「聽我的就對了！」獨斷地禁止孩子不准這樣、不可以那樣；甚至出言恐嚇孩子，以致於親子之間開始對立、彼此關係愈來愈劍拔弩張。每每看到或是聽到這些「親子對決」的事件，不論是氣急敗壞的大人這一方，或是傷心欲絕的孩子那一方，都讓人覺得心疼不已。若是彼此都能夠做到以理性的、良好的溝通方法為前提，相信親子間就能建立起信任的基礎，然後再善用專家的建議或方法，一定可以更省力並有效地化解親子衝突，讓教育的問題迎刃而解。

　　雖然，關於怎麼當個好爸媽，絕對沒有統一的標準答案，但是親子教養的確有些常見的盲點可以去除。在這本書中，我們試著標舉出教養路上孩子常見的 30 個問題，以實際的教養案例讓你明白，如何和孩子做有效地良性溝通，再輔以專家建議的解決方法，實際落實在教養裡，去蕪存菁，找出屬於你們家最適切的教養模式。希望從現在開始，您和孩子的溝通無障礙，教養有愛更無礙。

# Chapter **1** 原來，孩子沒有**安全感**

# Chapter **2** 天吶！不及格的**生活力**

# Chapter **3** 哭哭，為什麼**沒有自信**

# Chapter **4** 糟糕！孩子**不喜歡學習**

# Chapter 5 是誰？扼殺**孩子創造力**

# Chapter 6 頭痛！難解的**交友問題**

# Chapter 1

## 原來，孩子沒有
## **安全感**

安全感是什麼？就是我們在生活中不會莫名的感到害怕。尤其，對孩子來說，安全感是來自於他生長的環境，若孩子是在快樂，充滿愛的環境下成長，那麼孩子就會有強烈的安全感，反之，會讓孩子感到恐懼或痛苦，孩子就會沒有安全感。

　　安全感對孩子的影響到底有多大？根據專家表示：孩子一直缺乏安全感，那麼將來長大做什麼事情都容易畏首畏尾，怕被人責備，所以沒有自信；甚至，對人、對事也容易產生敵意，對家庭、婚姻較會有恐懼感。所以，平時一定要讓孩子在充滿愛的環境裡成長，讓孩子有強烈的安全感，才能減少孩子在日後面對未知的恐懼。

　　然而，我們也不該仗恃這一點，老是對孩子施以威脅說：「再不乖，我就不愛你！」我想，你一定已經發現這一句超有效，不管孩子多麼胡鬧，只要一聽到這句話，大部分的孩子立刻就會馬上照著你說的話乖乖去做，因為對孩子來說，「爸媽不再愛我」是太可怕的事，就好像整個世界都毀滅，世界末日到來一般。

　　不過，若總是以這樣的方式成功收服孩子，所付出的代價，不僅無法給孩子帶來安全感，同時也磨損了親子之間的信任感。總之，除了給孩子滿滿的愛之外，更要用正確的教養態度，才能讓孩子有安全感，更好地融入社會。

# 01 爸媽太忙，沒時間好好陪陪你

從幼兒心理發展來說，幼小的嬰兒必須和主要照顧者（通常是媽媽），建立強烈的依附關係，這種依附關係，建立在孩子的需求是隨時被滿足。那麼，依附關係該怎麼建立呢？最重要的就是「24 小時不打烊的陪伴」讓他覺得有安全感。然而，這樣的陪伴，對忙碌的現代爸媽來說，常常有點困難。

## Story 教養小故事

五歲的小思，由南部的阿公阿媽照顧長大。小思的爸爸媽媽是所謂的「假日父母」，每逢週末才會和小思見面，雖然小思常會在「收假」時，哭著不讓爸媽離開，但是其他時候，也和阿公阿媽相處得很好，因此爸媽也就很放心這樣的安排。

等到小思上幼稚園後，爸媽將他帶回台北照顧，才發現小思看起來總是悶悶不樂，跟爸媽不親，加上生活習慣的不同，親子之間常常引發爭執，小思甚至會打電話向阿公阿媽求救，讓爸媽覺得很受傷，心想：「你到底是誰的孩子啊？」

## ❤ 誰是陪孩子長大的人？

　　忙碌的社會型態，使得原本理所當然「每天都要在一起」的親子關係，產生變數。根據 2016 年勞動部公布我國去年工時高達 2104 個小時，排名世界第 5，國內的調查研究也顯示類似的結果，台灣勞工每星期平均工作時數為 40 個小時，如果以週休二日來計算，平均一天要工作 8 到 9 小時以上。

　　當爸媽每天要工作 8 小時以上，孩子由誰照顧呢？根據台北市教育局發布的一項統計資料顯示，跟 10 年前相比，2008 年 2 歲至未滿 6 歲的幼兒，超過 6 成被安置在托兒所與幼稚園，而這個數字，還不包括由祖父母和保姆照顧的孩子，依據政府統計推估，單是由祖父母帶小孩的隔代教養家庭就有 9 萬多戶！

　　照這樣的統計數字來看，一對雙薪家庭的爸媽，能夠和孩子相處的時間，其實並不多。每天匆匆忙忙到保姆家、幼稚園或安親班接孩子，趕著吃晚餐、料理生活的瑣事、催孩子寫功課、趕孩子上床……，到底每天有多少時間，能夠和孩子好好在一起，享受彼此的陪伴，真的很難說呢！

這樣緊張的生活型態，對親子關係是否一定會造成負面的影響呢？其實不一定！這完全要看爸媽如何經營親子關係。

　　在人本教育基金會（附註1）工作 10 餘年的副執行長謝淑美，透過工作得以接觸許多的家庭，對台灣親職現場有著透徹的觀察，根據她分享多年來的心得：「爸媽和孩子之間，除了血緣關係外，還有透過每天『在一起』所累積下來的那種親密感，才有辦法真正成為親子！」只要你能夠花心思去運用與孩子之間難得的相處時光，累積與孩子之間的親密感，一樣能夠經營出良好的親子關係。

（附註1）　人本教育基金會成立於 1987 年，多年來致力於教育改革，不論是家庭教養與學校教育，深信「教育不是如俗語所說的『讓貓學會捕鼠，讓狗學會看門』；相反地，教育使人跳脫命運的掌控，成為一個獨立自主的人，也就是真實的自己！」此外，每年寒暑假舉辦許多創意兒童營隊、親子營隊，也提供教育現場的申訴管道。（電話：02-2367-0151）

## 請把孩子托給對的人

當家庭中誕生了新的生命以後，爸媽在家庭經濟、個人生命抉擇等各種考量下，做出最適合這個家庭的選擇。媽媽如果可以暫時放下工作，在孩子成長中最重要的時候，陪著孩子長大，自然能更了解自己的孩子，親情也就更厚實，小小孩也不用太早面對和媽媽分離的焦慮，當然是最理想狀態。

但是，你如果無法親自照顧孩子，還是可以找幫手，不要責怪自己或覺得愧疚，只要找到對的人來照顧孩子就可以了。

把孩子托給別人照顧時，不論是給阿公阿媽帶、請保姆照顧、或是送到托兒所去，其實都是不得已的作法，而「讓孩子承受大人的不得已」過程中，身為大人的你一定要照顧孩子的細緻感受。考量家庭的經濟情況、長輩是否有帶孫意願、住家附近有無合適的托兒所……等各種因素，替孩子慎選最合適的照顧者。好的照顧者，應該擁有正向溫暖的人格特質，理解孩子的身心發展需求，因為照顧者不只要能照顧孩子的生活，更要能覺察孩子的情緒與需求，愛孩子與被孩子愛，讓孩子可以透過他來學習情感的表達。

如果小小孩子的照顧者，無法「看到」孩子的特質與需求，只用命令式的句子與語氣來維護孩子基本的生命安全，這對還在滋長各種能力的小小孩來說，等於是生命被打壓！

另外，隨著孩子成長的腳步，爸媽依據孩子身心發展需求的改變，或許也會因此做出不同的托育選擇，比方說三歲以前，一對一的照顧，讓孩子更有安全感；三歲以後，考量孩子的交友需求，或許幼兒園會更適合拓展孩子的人際關係。

## 好好照顧孩子的感受

在把孩子托給別人前，爸媽應該好好跟孩子說明，比方說：「媽媽很愛你，可是要上班賺錢，沒辦法照顧你。我請阿媽幫忙，她也會很疼你喔！」一開始時，媽媽可以先陪著一兩天，一方面等孩子和新的照顧者更熟悉，建立初步的信任關係；一方面也可以實地觀察到孩子與別的照顧者的互動情形。到時候，再放手離開，對大人小孩，都會比較放心與安心。

爸媽應該要將孩子的照顧者，當作協力照顧孩子的合作夥伴，建

立良好的溝通管道，每天在「轉手」孩子的時候，可以聊聊孩子今天發生的小趣事、身體的特殊狀況、心情怎麼樣……簡單的閒聊，都能讓雙方更加了解孩子每天的生活「全貌」，在接手照顧時，自然也能更得心應手。

最後，還要提醒爸媽，除非萬不得已，最好不要常常更換孩子的照顧者。對孩子來說，這個每天與他朝夕相處、總會回應他的各種需求的大人，也是很重要的依附關係，如果太常更換照顧者，會讓孩子充滿不安全感。

## 不合人性的24小時全日托

爸媽應該依照自家的情況，做出最適當的托育選擇，但是人本教育基金會的淑美語重心長地提醒爸媽：「千萬不要 24 小時把孩子托給別人帶！」當我們把親子關係弄成這麼奇怪後（本來該照顧孩子的人，無法照顧孩子），對大人來說，為了抗拒母性或父性的本能，只好想辦法讓自己對孩子的感覺鈍化，淡化對孩子的牽絆，久而久之，親情就變淡了，心也變硬了。

對孩子來說，爸媽久久才會出現一次的狀態，這種既親又遠的關係，很難去拿捏和面對，讓孩子沒辦法把情感寄託在爸媽身上，以免爸媽離開時，心情很難受，只好想辦法讓自己斷念，不再依戀父母；可是，當爸媽在週末出現時，又期望「血濃於水」，希望孩子對自己很親。這樣的親子關係，會讓孩子感到很不安，沒辦法放心地當小孩。

事實上，人的情感發展是有層次的，從疏遠到親近，如果面對最親密的親子關係，都要硬著心腸，讓自己不去依賴時，大人和小孩都可能變成沒有能力愛人、表達愛的人。

## 沒安全感的孩子，容易小心眼

安全感，談的不是客觀的安全，而是孩子的主觀感受—自己是不是屬於這個家？爸媽是不是很喜歡自己，覺得自己是有價值的？當孩子覺得自己和爸媽之間是貼近的、互相理解的，親子關係是溫暖的，自然會覺得「很安全」。

當孩子沒有安全感時，反應在行為上，就變得「很小心眼」，孩子會很想佔有、容易受挫、愛計較。孩子透過這些行為，來探測爸媽

「你在乎我嗎？我是不是你眼中的寶貝？」這樣的探測行為，會讓爸媽很受折磨，進而指責孩子，使孩子的自我感覺受到影響，變得不容易放鬆，時時充滿危機感，對人的包容性也不夠。

等到孩子上學之後，缺乏安全感，也會讓他的學業受到影響。部分擅長念書的孩子，可能會努力透過學業成績來獲得肯定，但是他們沒辦法享受自己的能力，總是擔心萬一表現不好，會不會就失去一切；而大部分的孩子，因為內在的不穩定，整個心都陷入「自己是不是值得存在」這樣的情緒糾葛，沒辦法專注在學業上。

## 追求高品質的親子相處

雖然客觀的大環境，似乎不利於親子關係與孩子安全感的建立，但其實也沒有那麼艱難。除了時間多寡以外，親子相處的品質，往往也是孩子能不能有安全感的關鍵——再怎麼忙，只要每天經營一點點有品質的親子互動時間，你的孩子還是能有穩固的安全感。

「陪伴孩子」不是一件等到有空才去做的事，而要認真地把它排入每天的作息中。而且，要好好地陪，持之以恆地在每一天，製造和

孩子親密且放鬆的相處時間。

　　那麼，如何才算是「好好地陪」呢？當爸爸的，每天下班後都抽空讓自己專心陪孩子，不管是半小時也好，15 分鐘也好，就算什麼都不做，只是陪在孩子身邊，微笑地聽他說話、看他玩也可以；媽媽呢，雖然每天照料孩子的時間絕對不只半小時，每天還是要找 30 分鐘或 15 分鐘，好好地放鬆，把所有「孩子應該要怎麼樣」、「如何讓孩子更厲害」的想法都放下，就是單純地陪孩子玩，和孩子在一起！

　　對孩子來說，這樣「眼中只看到我」的全心陪伴，會讓孩子感受到「我是爸媽的寶貝」、「不用做些什麼來力求表現，爸媽就會愛我」，孩子的心中，自然就會有滿滿的安全感！

# 02 不聽話就開口罵、動手打

　　爸媽在教養孩子時，往往想要有「特效藥」，希望教養方法最好是「一帖就見效」，立刻改善孩子的不良行為。而在這樣的心情下，責罵與體罰往往由於「速效性極佳」，而成為爸媽教養孩子時的常用方式。然而，打罵孩子真的能達到所謂「教育」孩子的目標嗎？

## Story 教養小故事

　　三歲的小捷，像個小霸王，每當事情不如自己的意，或是和同伴發生爭執時，都會罵別人「笨蛋」，甚至動手打人，爸媽為了這樣的事一次又一次地責罵他，甚至祭出「愛的小手」來處罰他，卻還是沒辦法改變他的壞行為。為什麼小捷總是會選擇用不好的方式來處理紛爭或困難，難道是爸媽的教養方式有問題嗎？

## 打罵孩子＝鼓勵孩子的不良表現！

對孩子來說，爸媽是世界的中心，每個孩子都希望得到爸媽的注意。爸媽對孩子的正面關注，像是稱讚孩子的表現，能夠讓孩子獲得肯定與被愛的感受，進而能帶著滿滿的安全感，健康地長大。

不幸的是，現代爸媽真的很忙碌，當孩子表現得好的時候，「覺得太好了，鬆了一口氣」的爸媽，不見得會記得要讚美孩子的表現，反而是在孩子犯錯時，才注意到孩子，結果，孩子會經常故意表現出不好的行為，來得到爸媽的注意，因為對孩子來說，他寧願爸媽打他、罵他，也不要爸媽對自己視而不見。

曾任信誼基金會附設實驗托兒所所長的陳澤佩，是多年身處第一線的幼兒教育工作者，也是一個孩子的母親，她經常提醒爸爸媽媽，要換個角度思考：「孩子需要爸媽『看見』他，肯定自己的存在；當親子之間，不論是語言也好、身體接觸也好，缺乏正面、溫暖的互動，孩子只好另找出路，逆勢而為，用負面的行為來『吸引』爸媽的注意力，被罵、被指責，甚至被打都好，至少爸媽『看見』自己的存在，也表達了『關愛』，結果就形成了一種負面循環。」

那麼，該怎麼樣斬斷這樣的負面循環呢？

身為爸爸媽媽的你，應該要抽空和孩子好好相處，給孩子正面的關注，當孩子表現良好時，不要忘了多讚美孩子，如此能讓孩子獲得成就感和建立自信，也能增加孩子好好表現的動機，這樣孩子才不會退而求其次，用不良行為來尋求你的關注。

## 校園零體罰時代來臨，家庭呢？

2006 年底，立法院三讀通過《教育基本法》第 8 條及第 15 條的《禁止體罰條款》修正案，明定政府公權力應保障學生不受體罰，一旦學生的「身體自主權」及「人格發展權」受到侵害，政府應提供必要的救濟管道，也可依據《國家賠償法》及《民法》獲得賠償。

這個法案，宣布了校園零體罰時代的來臨，也為了讓教師們放下體罰這個殺手鐧後，全面提升校園內輔導管教的知能，教育部和各縣市教育局，不斷積極準備更多「正面管教」的相關培訓與宣導課程。

那家庭裡呢？也跟著零體罰了嗎？

雲門舞集舞蹈教室曾在 10 周年的慶祝活動中，推出 10 年好願的票選活動，其中「希望爸媽不要打小孩」的願望，在全省各個館中都獲得孩子們的大力支持。我也前去參與這個活動，並且詢問選擇了這個願望的其中一個孩子：「為什麼要投這個願望呢？你爸媽會打你嗎？」孩子義正嚴詞地說：「不會，我是替我的朋友投的。希望所有的小孩都可以不要被爸媽打。」可見在我們生活周遭，不少孩子還是生活在「被爸媽打」的恐懼之下。

## 打罵，能教會孩子什麼呢？

體罰雖然看似有效，但國內外研究都顯示，體罰會造成親子關係的緊張、破壞孩子對家庭的安全感與歸屬感，不但會造成孩子內心的創傷，更是一種「以暴制暴」的身教，誘發孩子的暴力及攻擊行為，並不能真的讓孩子成為更好的人。

人本教育基金會自成立以來，致力於推廣《愛的手冊》（附註2），希望能建立「一個不打小孩的國家」，多年來對於體罰有著極為深

刻的討論。該基金會提倡零體罰時，最常用來提醒爸爸媽媽的一句話是：「體罰，真的能『教育』孩子嗎？」

回答這個問題前，不能不先思考教育本質——教育的目的到底是什麼？教育應該協助孩子：了解自己，理解別人，以及知道他所生存的環境裡，社會的文化、法律的規定是什麼，有哪些需要面對和選擇的事情。透過了解，進而能發展出自己的想法，為自己做出選擇和承擔。

當大人拿起棍子，就是繞過「教育孩子」的過程，透過外在的痛苦和控制，對孩子說：「如果你不照做，我就打你喔！」讓孩子伏首稱臣，趕緊去做，事實上，大人已經放棄教育與啟發孩子心智的機會。而這樣的作法，可能會依孩子個性的不同，而產生不同的後果。

（附註2）《愛的手冊》由人本教育基金會編著發行，提倡打罵和羞辱只會使人走避，絕不可能使人自愛及愛人！為了與民生報共同發起的「與孩子們立約」社會運動，人本教育基金會特別編印本手冊，幫助爸媽們實現不體罰的願望，同時也期待一個相互尊重的社會，能在不久的將來真正出現。

個性強一點、自我意識強的孩子，往往會被大人貼上許多負面的標籤，造成親子間不斷衝突與對立，讓孩子變成像刺蝟一樣，對自我充滿懷疑，對人也沒有信任關係；個性較溫和的孩子，容易向外界的強烈要求妥協，很知道怎麼做可以避開那根棍子，可是這樣的孩子長大以後，因為沒有自我，常常不知道自己要什麼，也沒有成就感；甚至有的孩子，用「看人的臉色」來取代自己的感受和判斷，只要別人兇一點，他就很害怕，趕快照這個人的意思做，即使這個人做的事，會傷害到他，也不敢有所反抗，在校園霸凌事件中被欺負的孩子，往往是這種類型。

　　體罰，只能讓孩子學到痛苦和害怕，無法達到大人所希望教育的核心過程和目標——協助孩子掌控自己的行為，承擔自己的責任。當孩子對自己的行為取捨標準，都建立在「希望不要被處罰」，而會不會被處罰的標準，又是寄託在別人手上時，孩子自然會覺得不安，充滿恐慌，不知什麼時候會大禍臨頭。

　　相信這樣的結果，絕對不是各位爸媽希望見到的。每個爸媽都希望自己的孩子能夠有足夠的安全感，有勇氣對周遭的人說出自己真實的感受和意見，也能寬心地聽取別人不同的意見，而希望讓孩子擁有這樣的人格特質，絕對不是靠打罵就能達到效果的。

再怎麼疼愛孩子的爸媽，也不能陪孩子一生一世，替孩子過生活。你所能送給孩子的最好禮物，就是給孩子滿滿的愛，讓孩子充滿安全感，擁有發自內心的快樂，重視自己的存在。想達到這種目標的爸媽，就要有「不隨意打罵孩子」的信念！

# 03 總是命令口氣，漠視孩子的感受

　　有一首歌是這樣唱的：「你說我像雲，捉摸不定，其實你不懂我的心……」很適合當作親子關係的主題曲呢！當孩子還是小嬰兒時，只要一哭，爸媽就會一邊安撫，一邊猜測：「是不是肚子餓了？尿布濕了？」可是，等到孩子會說「人話」以後，爸媽這種細緻、體貼的「猜心」技能，就慢慢退化，親子之間的代溝自然也就越來越大。

## Story 教養小故事

　　「小平，不要動媽媽的東西！」、「小平，馬路很危險，不要一直亂跑啦！」……三歲的小平，讓爸媽很傷腦筋，他們搞不懂為什麼別人家的孩子一個口令一個動作，自己家的孩子卻總是講不聽，叫他別做的事，他偏偏愛做，總是要挑戰大人呢？

## 想讓孩子講不聽，就命令他吧

　　隨著孩子生命的發展，孩子的自我意識也越來越強，他努力地探索周遭的環境與事物，在一次次的嘗試中，建立出「我也會」的自信來。

　　在友緣基金會（附註3）工作 12 年的資深專任老師詹純玲，接觸過許許多多的家庭與孩子，經常提醒爸爸媽媽們，親子之間也該謹守「人際界線」：包含身體的、心理的與所有權的界線，才能夠幫助孩子發展良好的自我意識與人際關係。

　　然而，愛孩子的爸媽，常常「越俎代庖」做出踩線行為，總是用命令句來指揮孩子，代孩子感受與思考，比方對孩子說：「怎麼吃這

---

　（附註3）友緣基金會成立二十餘年，致力於提供親子教育支援，不僅在平時提供親子諮詢工作，更定期舉辦兒童及青少年的人際團體，促進現代孩子的人際能力。（電話：02-2769-3319）

---

麼少？趕快把這碗飯吃完才能下桌……」、「天氣變冷了，穿外套才可以出去玩。」、「那邊很危險，不可以去那裡玩！」、「你又在揉眼睛了，一定是睏了，馬上去睡覺。」……但是，你又不是孩子，怎麼知道孩子的感受呢？

面對爸爸媽媽的命令，性情溫順點的孩子可能就「放棄自我」，自己不去感覺、不去思考，反正一個口令、一個動作，等著爸媽來指揮就好；個性強一點的孩子，不是聽而不聞、我行我素，就是在爸媽拿出權威的時候，才勉為其難配合一下，等到爸媽不在身邊，就為所欲為。

將心比心地想一下，誰會喜歡一天到晚被人呼來喚去呢？就算我們長大了，也當了爸爸媽媽，每當我們的父母又用「我為你好」的理由來命令我們時，是不是也會在心裡嘀咕著：「我又不是小孩子了，幹嘛老愛管我呢！」而我們的小寶貝雖然小，但他也是個獨立的個體，身為愛他的爸媽，我們有責任協助他成為能夠獨立思考、獨當一面的人，如果只一味地命令他，是絕對沒辦法幫助他的。

## 用說理取代命令

那麼，該怎麼協助孩子成為一個獨立自主的人呢？關鍵就在於：「不要命令孩子，而要和孩子講道理」。人本教育基金會副執行長謝淑美，常和爸爸媽媽分享最重要的兩個秘訣：「不要說教，而要說理；先說『怎麼啦』，再說『怎麼辦』。」

這個時候，你的心中或許會浮現出一個想法：「孩子還那麼小，就算講道理他們也聽不懂吧！」然而事實上，講理不是要你和孩子說一長篇的大道理，而是「在真實情境中，協助孩子理解狀況，掌握自己的行為，做出判斷和選擇。」因此從嬰兒時期，就可以開始和孩子講理。

當一個小嬰兒哇哇大哭時，爸媽不會直接塞奶嘴給他，而是說：「怎麼啦～是尿布溼了嗎？還是肚子餓了？……秀秀喔！」一邊安慰他的情緒，一邊拚命地猜他要表達什麼，你不會生氣地覺得他是在給你找麻煩，這就是在和孩子說理。

說理要從小就開始，從孩子還是個小娃兒時開始，在他哭的時候

安慰他說：「怎麼啦？」就算孩子長大後也是一樣，繼續透過「怎麼啦？」來理解孩子的狀態，表達我們的關心，也協助孩子理解自己的狀態，弄清楚自己的感受，之後就能發展出思考接下來「怎麼辦」的能力。

　　這一個過程，看起來很像只是在關心孩子，然而，這卻是很重要的「練習說理的過程」，因為，我們的關心能夠幫助孩子把自己的情緒和感受，轉化為旁人也能夠理解的話語，自然而然，孩子就越來越能夠表達自己的感覺，不再只會鬧情緒，越來越有好好講理的能力。

## ♡ 傾聽孩子的感受

　　想要跟孩子說理，建立親子間好好說理的習慣，一定要願意聆聽和理解（協助你理解孩子，也讓孩子理解你），然後基於理解釐清狀況，再來想怎麼做比較好，怎麼做是自己最不會後悔，是自己能夠承受得來的。這個過程，是理性的發展，不管多大的孩子都一樣，就算孩子很小也可以用比較清楚簡單的語句，多幫他一起猜想，讓他理解情形。

比方說，當小孩進到廚房玩瓦斯爐時，除了趕快把孩子帶離現場，也要問孩子：「怎麼啦？為什麼你那麼想去碰這個，是因為覺得很好玩嗎？」有時候，也許他只是想要來找媽媽，到了廚房才突然興起想碰瓦斯開關。

當孩子有狀況發生，比方說和同學吵架，或是考試成績不理想，這時，其實是孩子「不知道該怎麼辦」也最脆弱的時候，大人如果不能透過傾聽，理解孩子的感受，只會一股腦地說教，對孩子發洩自己的情緒，孩子當然沒辦法承擔這種龐大壓力，只好逃走了。

孩子小的時候可能還會傻傻也聽訓，長大以後，他自然就學會把自己的問題隱藏起來，不讓爸媽知道，造成親子關係的疏離。而電視與平面媒體中的自殺新聞，受訪者的爸媽和家人不也常說：「他平常都很乖巧聽話，怎麼也沒想到他會這樣！」這就是孩子承擔太多壓力所造成的結果。

## 容許孩子「做不到」，容許「再等一下」

孩子不是爸媽的附屬品，你應該認真地把孩子當成一個有情感、

有知覺、細緻的生命來對待，當他發出任何訊號時，願意多去了解，協助孩子弄懂到底怎麼了，多花一點心思，協助孩子理解和感受，並經歷這些選擇，培養出孩子面對這個困境所需的各種能力。

先讓孩子理解自己的情緒，再慢慢引導孩子考慮到周遭的環境、人的感受，陪孩子以他的基礎做出最好的選擇，然後，有耐性一點，因為孩子不可能一天就從「不會」變成「很會」。過程中要容許孩子「做不到」，容許「再等一下」，這是孩子非常重要的成長過程。爸媽不只是照顧孩子的身體，更要陪在孩子身邊，理解他的感受，當那個很親很親的人。

照顧心絕對比照顧身體重要。身體在安全無虞的情況下，照顧以基礎的需要就好；感情的照顧則要特別用心，讓孩子感受到滿滿的愛，這樣孩子就算是遇到再大的困難，也會覺得：「我可以的！」並保有「我知道這很困難，不會責怪自己」的自信。

每次的說理，都是爸媽陪著孩子釐清感受，然後發展出解決能力的過程，這樣的成長經驗，將讓孩子充滿安全感與自信心！

# 04 和父母聚少離多， 缺乏家庭溫暖

　　商業周刊曾經做過一份調查，以同儕關係、品行、學業、情緒管理及自信心五項指標，請老師們評估學生目前的整體表現，發現有61.9％的國小級任老師認為，一般學生整體表現較隔代兒（由阿公阿媽養育的孩子）好，隔代兒的問題普遍出現在「產生失落感，面臨家庭溫暖的不足」。

## Story 教養小故事

　　小傑是一個寂寞的孩子，由於父母親雙雙早逝，由阿公阿媽撫養。雖然祖父母在生活上還算不虞匱乏，但是畢竟年紀大了，除了平常幫小傑打理食衣住行之外，祖孫們很難說上什麼心裡話，加上體力也不像年輕時一樣可以陪孫子玩耍，當小傑漸漸長大，和祖父母的感情也漸漸淡了。

　　在學校時，小傑總是調皮搗蛋，導師同情小傑從小就失去了雙親的照顧，所以每次惹是生非之後，都會在午休

時間找小傑到辦公室，好好鼓勵他，但導師同時也發現，雖然每次談話後小傑的表現會改善一些，但是過不了多久，好不容易覺得可以放心了，又再一次發生同學之間的拉扯，對於這樣的情況也只能無奈的搖頭。

 **經常給予孩子關愛的眼神**

· 孤獨的孩子，透過吵鬧來討愛

　　有個學生才國小二年級，每次我去安親班教作文的時候，他總是要搶在第一個進教室，然後拉著我拚命不斷述說，這個星期發生了什麼事，一下子是他參加廟會活動，一下子是媽媽買給他什麼新玩具……，等其他小朋友都進教室，坐好位置，而我要開始上課了，他還講不停，我得聽他好不容易講到一個段落了，再輕輕地跟他說：「你下課再繼續告訴我好嗎？我們現在要上課了。」

這個孩子一聽要上課，我不能再聽他講話了，就開始藉故和其他同學打起來，有時是拿別人的東西，有時是向丟別人小紙屑，不然就是自己拿出新玩具玩了起來。有時候其他小朋友覺得他很煩，希望趕快上完課趕快下課。除了我講課時常被他打斷，其他小朋友也為了避免干擾而換座位離開他，接著這個孩子就更孤獨了。

這個孩子的父親剛過世，母親忙著工作，平常他都由阿嬤在照顧，隔代教養的結果，平常在學校或在安親班又只能上課和寫功課，我在他眼裡看到對「愛」的渴望，他有時候會說：「老師，我昨天夢見我爸爸來找我。」眼眶泛紅，還滾著一圈淚水，令人鼻酸。

孩子為了吸引大家對他的注意和關心，因此透過吵鬧的方式，只要課堂上老師一不注意他，這個吵鬧的行為就會出現，以引起大家的注意，或是以該行為變相要求課堂上的老師和同學必須花一些時間與他在一起。

· 生活型態改變所引起的關注渴望

孩子在開始進入團體生活時，都會希望自己成為團體中的主角，希望成為大家目光的焦點，可能因為在家裡只有他一個小孩，父母親

本來就只需要注意他，到了學校老師卻不像爸媽那麼注意他；也可能父母親都太忙，無暇對孩子投以關愛的眼神，因此孩子轉而向學校老師索取關愛。孩子渴望注意的心理投射到行為上，有時變調就成了上課不專心、拚命搗蛋的表象。

所以這樣的情況就經常發生了：有一些小朋友，因為想和同學分享父母新買的玩具，就帶了玩具到學校去，但是小朋友忍耐不住想要趕快讓同學知道他有新玩具，上課時間就把老師的話晾在一旁，拿出玩具開始把玩起來，一些小朋友看到玩具也忍不住將眼光從老師和黑板上移開，然後開始有小朋友大叫：「老師！某某某帶玩具來玩！」接著全班都不約而同將目光焦點轉向帶玩具的小朋友，而那位小朋友還很得意的炫耀起來。

不管是否為上課時間，孩子有時也會隨意拿取同學的文具或玩具，這種情況是因為現在的文具都製作精美，再加上很多卡通圖象也都有製成文具授權商品販售，小朋友一方面著迷於卡通人物，一方面又覺得別人的文具、鉛筆盒都比較「進步」，總會覺得拿別人的自動鉛筆比較「酷」，看其他小朋友上課時拿出新奇的文具，「為什麼我沒有？」的強烈渴望驅使下，就「未經別人同意」拿了其他小朋友的東西。

## · 正常家庭成長的孩子，也可能缺愛

　　根據台北市孤兒福利協會總幹事傅蜀冀觀察，從小學五、六年級開始，由於進入青春期，孩子受同儕影響更大，隔代及單親兒的表現，就更容易看出和一般孩子的差異。一旦課業表現不佳，無法獲得師長的關愛，回家又乏人鼓勵，很容易走上中輟一途。

　　輔導青少年偏差問題最有經驗的善牧基金會執行長王世芊指出，善牧某一年輔導的一百六十個個案中，以家庭背景來看，單親占了七成，隔代兒則占一成多，顯示單親與隔代兒的確比較容易出現偏差行為。在輔導的過程中，她也強烈感覺這群孩子需要人陪的渴望，「基金會不久前買了一台PS2，但孩子並不特別熱中，反而想跟社工人員打桌球或聊天。」她說。

　　這些數據的調查對象雖然是單親及隔代教養的孩子，但是由於父母親都很忙碌，一般家庭也常會出現這樣的現象，當孩子每天只是上課、下課，很少有人和他談心事的時候，即使生長在正常家庭，一樣缺乏關心與陪伴。

小學一、二年級時會發生的事情，到了五、六年級或國、高中階段也一樣會發生，只是展現的方式不太一樣，大一點的孩子會用「故意」挑戰公權力或「藐視」公權力的方式展現出來，只要他心裡被注意的渴望沒有滿足，狀況會持續發生，只是手段改變了，甚至當你關心他們的時候，還會對你「嗤之以鼻」，讓你立刻火冒三丈，覺得「這孩子怎麼這麼難搞，這樣也不行，那樣也不行。」

## 多給孩子五分鐘

　　其實孩子不過是希望師長可以多注意他，所以用上課吵鬧來吸引老師的注意，而老師告知家長孩子吵鬧時，家長如果針對這樣的情況指責孩子，那麼對孩子來說，越是指責，就是越注意他。孩子會以為只有藉由這樣的方式才能吸引注意和關心。

　　一般來說，遇到這種情況的老師大概會有兩種做法，在多年安親班的教學經驗中，這兩種做法我都試過，當時還不是很確定要怎麼去揣摩學生的心理，後來發現這兩種做法容易對孩子產生不好的心理影響。

## · 大聲斥喝，讓孩子誤以為是關心

一是立刻大聲斥喝孩子停止吵鬧，孩子大概只會安靜個五分鐘，過一陣子又心癢難耐，他們可能是頭低低的在桌子後面玩，或者繼續和別的孩子打鬧，老師講了什麼還是沒聽進去。

老師的喝斥有暫時的阻斷效果，但如果孩子誤以為這就是一種得到注意的方式，那情況還是不會改善，只會繼續惡性循環。

假設是因為孩子攜帶玩具到班上而打擾班級上課秩序，最後老師沒收孩子的玩具，而孩子本身對於自己的問題沒有感受，不知道問題所在，「沒收玩具」就會讓孩子對老師產生厭惡感，那他下次有新玩具時，可能會因為怕被老師沒收而不敢拿出來，但是對老師產生的厭惡感對孩子課堂上的學習可能產生反效果。

有的老師會覺得，孩子有什麼狀況就要向家長報告，所以沒收玩具之後，再寫在聯絡簿上告知家長，說學生帶玩具到學校，上課不專心，影響上課秩序，請家長不要買玩具給學生，並且注意學生是否帶了不該帶的東西到學校。

但是向家長「告狀」之後，因而被家長責罰，孩子通常不會感受到老師和父母對他的「關心」，而且會直覺地認為：「都是老師愛告狀！」師生關係就開始有了隔閡，叛逆一點的孩子甚至每到上課就故意唱反調，秩序愈來愈差，關係惡化愈演愈烈。

## ・「冷處理」，讓孩子淪為害群之馬

　　遇到孩子在課堂上吵鬧的時候，老師們第二種處理方式大概是當場叫所有同學們不要理會那個孩子，企圖把大家的注意力拉回講課的內容，用「不予理會」的冷處理方式對付孩子，或者透過罰站把學生立即抽離「分心」的情境，或用罰寫來當做處罰的手段，甚至把孩子指為害群之馬，立刻宣佈等一下進行隨堂抽測及考試。

　　不過即使叫大家不要理會吵鬧的孩子，其他孩子還是會不由自主的分心，老師上課有趣的程度當然比不上新奇的玩具，而冷處理的方式如果不當使用，短期內師生關係惡化的狀況可能不明顯，但是一次兩次之後，同學之間會開始產生厭惡感，進而輕視這名學生，通常老師比較不注意的也是容易受欺負或受忽視的學生，如果他又是成為「害群之馬」的那個人，就會在短時間內成為被大家討厭的對象，會開始產生自卑或自大的心理，不是受欺負就是欺負別人，很容易變成

校園霸凌的主角，最後只會覺得造成這種狀況都是因為老師，跟著憤世嫉俗起來。

## 教養要賞罰分明，適可而止

平時多和孩子聊天，也多和老師溝通，能有助於了解孩子的生活狀況，但在知道孩子上課時間吵鬧、或隨意拿取別人的東西時，父母親要怎麼去引導呢？

其實對大人來說，筆就是筆，鉛筆盒就是鉛筆盒，橡皮擦造型再好看也不過就是個橡皮擦，但是在孩子們的眼中，隨著使用文具層級的不同，好像他們的等級也是不同的，會去拿別人的文具來把玩，有時候也是出於羨慕或嫉妒的心理。

如果在學校遇到這樣的狀況，「老師，為什麼小朋友都拿鉛筆？大人都可以拿原子筆寫字？」老師不如機會教育一下，重視物品的外表不如注重物品本身實際的用途，拿鉛筆寫字是因為有的字小朋友還不太會寫，如果寫錯了，劃掉很醜，也常常要用立可白、修正帶，等到大一點會的字變多了，就可以用原子筆了。

在學校的時候，規則要講得很清楚，讓孩子充份地了解什麼時候可以做什麼事，可以帶玩具到學校，但不應該在上課時間拿出來玩，不可以隨便拿別人的東西，就像吃飯時間也只能吃飯，這感覺很像男生當兵，在軍中要絕對服從一樣，但是我們可以採取比較軟性的方式，讓孩子了解發生的原因，而處罰的方式則儘量不要在全班面前展現，以免傷害孩子小小的心靈。

而在家裡，在孩子吵著要買新玩具時也不要一下子為了安撫孩子而滿足他，我們可以告訴他：「如果現在決定買了這項玩具，一個月之內就沒辦法再買別的玩具，萬一日後又想買別的新玩具，就不能再買了。」讓他了解金錢，讓他了解新玩具的價值在哪裡，如果他當下真的很想買這項玩具，之後就要堅守每一次的承諾，否則他會一而再、再而三的故技重施。

小學階段的孩子還不懂得理性溝通和判斷，先了解吵鬧的原因，再引導孩子理解守秩序和專心聽講的理由，當然也要對於購買新玩具加以節制，過份的替孩子購買新奇玩具會養成孩子對物質生活的依賴，而完全不給他們購買新玩具又會使他們覺得自己比不上其他同學。

如果家長在了解孩子因為羨慕而經常在學校隨意拿取同學的物品時，也應該教育孩子隨意拿取他人物品是不正確的行為，至於在什麼狀況下他可以得到他想要的文玩具，就必須審慎思考，在適當的時機為他買一件他喜歡的文具作為獎勵，同時也增加孩子對於讀書的動力，但不能養成他「達成某種責任或義務」時，都要求要有回報的習慣，這樣在某些團體秩序的維持上會有困難。

有次我在上課的時候請同學們安靜坐好，「借」我他們的眼睛看黑板，有個學生反問我：「如果我們看黑板，有什麼獎品嗎？」當下讓我覺得好氣又好笑，孩子天真的言語，卻反映出他們已經養成如果依照大人們的說法做大人們所要求的事情，他們應該得到「獎賞」的習慣，而這個習慣卻是不合理的。

就像遵守交通規則是正確的，但不會因為不闖紅燈就要給獎金；公車或捷運到站時先下後上並且排隊上車是為了讓大家都能儘快上下車，也沒有人因為排隊上下車，所以就獲頒好市民獎，反過來說，難道因為不會發獎金，所以我們就可以闖紅燈和不排隊搭乘大眾交通工具嗎？

在安親班教學的時候，也有學生因為在學校小考考一百分，所

以要求他得到不用寫練習卷的「特權」，寫練習卷是安親班為了確認孩子是否有了解及吸收學校老師所教的課程，一時的小考考一百分，不代表真正吸收了學校的課程，寫評量和練習卷不是老師用來刁難學生的手法，既不是安親班的罰則，也不會用「取消」來作為獎勵的手段。

孩子不開心，家長們也都會心疼孩子，但千萬也不要讓孩子有太多分心的藉口，適當的避免孩子帶玩具到學校，家長也可以和學校老師溝通學期當中是不是有什麼活動，能讓所有小朋友分享玩具，這樣家長和老師都可以讓孩子們適當的抒發與滿足心理上的需要。

可能是我自己對於「人」的行為比較敏感，對於是非對錯的價值觀也經常反覆思考，我發現許多週遭的大人們，有時候表現某些行為所呈現的意義，經常是從幼童時期一直到出社會之後的生活經驗，所帶來的影響。缺乏愛的孩子，長大之後不知道該怎麼愛人，也不知道面對別人對他的關懷時該怎麼反應；價值觀混淆的孩子，長大之後對於小奸小惡的判斷經常是以自我利益為優先的考量。所以，滿足孩子心理上的需要，同時也是在培養他們完整的人格。

# 05 混亂的隨性生活作息

　　小孩的安全感，除了建立於與爸媽的互動外，家庭的環境也是孩子安全感的重要來源，混亂的家庭環境與生活作息，會讓孩子無所適從，充滿不安全感。這是源於孩子對未知事物的恐懼，井然有序的生活，才會讓孩子感到安全；一旦這個秩序有所變動，孩子就會產生焦慮和恐懼。

## Story 教養小故事

　　對小華的爸媽來說，和小華一起生活，簡直就像活在地獄一般，光是每天要叫小華起床、吃飯、哄他上床，就讓他們累得說不出話來。為什麼「什麼時候該做什麼事」，這樣簡單的事，一旦家裡有小孩後，就像一場打不完的戰爭呢？小華的爸媽，真希望在小華身上裝個神奇開關，控制小華的生活作息……。

##  固定作息讓孩子有安全感

　　許多孩子在學校與在家的時候「判若兩人」，常讓爸媽覺得幼稚園老師一定有什麼魔法，可以讓在家拖拖拉拉、弄不清楚什麼時候該做什麼的孩子，該吃就吃、該玩就玩。信誼基金會（附註4）實驗托兒所前所長陳澤佩卻表示，其實也沒有什麼了不起的方法，只是因為園所的生活作息是固定的，這樣的固定作息，使孩子有所依歸，知道什麼時候該做什麼，就算一時忘了，老師只要稍作提醒，孩子自然很快就能進入狀況囉！

　　其實，你也可以在家裡比照辦理，陪著孩子建立屬於自己家庭的生活步調。全職媽媽可以規劃每天的時間表，在固定的時間叫孩子

---

 （附註4）信誼基金會成立於民國 60 年 9 月，並於民國 66 年 9 月設立「學前教育研究發展中心」，是台灣最早從事推廣學前教育的專業服務機構。20 多年來透過積極研究、出版與活動，提供完整且系統化的服務，陪伴成千上萬的父母、老師、孩子一起成長，持續透過親職教育的推廣，喚醒父母再學習、再成長的意識；提倡發現學習及以兒童為本位的教育觀。（電話：02-2397-3384 轉 2499）

起床、陪孩子玩、出門散步、睡午覺……，下班才接手照顧孩子的爸媽，更應該善加規劃每天相處的短暫時光，盡可能不要讓工作影響家庭的作息，每天都要好好掌握全家一起共進晚餐、睡前的說故事時間……，因為規律的生活，不但能給孩子安全感，也能有助於他弄清楚情況，讓孩子更容易遵守規則。

對經常因為「沒時間」而備感壓力的現代爸媽來說，在時間有限、精力有限之下，被壓縮或犧牲的往往會是有品質的親子互動時間，但是對身心還在發展中的孩子來說，每一天和爸媽好好相處的時間，是什麼都沒辦法取代的重要心靈能源呢！

透過有條理、規律的生活作息規劃，不但能讓孩子有安全感、樂意配合，也能減少親子間的衝突，還能增加親子相處的品質，確保有品質的親子互動時間，不會被壓縮或省略。

那麼，該怎麼建立固定的家庭作息呢？專家建議，應該從吃和睡這兩個重要大項來切割每天的生活，然後，再做其他細項的規劃。畢竟，早晚作息與吃飯常常成為親子衝突的爆發點，如果透過規劃能讓孩子習慣，容易遵守，不但爸媽輕鬆，孩子也能從中獲得很大的安全感。而當你將吃與睡的大項訂下來後，還可以進一步規劃孩子的遊

戲時間、出門散步時間、睡前遊戲時間……等，如果家中不只一個孩子，更可以規劃出分別和每個孩子獨處的時間。

## 你的孩子睡得夠嗎？

美國國家睡眠基金會的一項研究發現有將近四成的孩子是睡不飽的（該基金會建議：學齡前的兒童每晚應該要睡足 11 到 13 個小時，而 5 至 12 歲的孩童則應睡足 10 到 11 個小時，青少年則應睡足 9 個小時），有二成五的父母發現，孩子在白天出現想睡、疲倦的現象。而也有研究顯示，睡眠不足的孩子比睡眠充足的孩子，體重超重的機率大了許多。

那麼，你家的孩子睡飽了嗎？雖然每個人需要的睡眠時數都不太相同，但應該不難從一些跡象來判斷孩子是否有睡飽，比方說：孩子是不是很難叫起床？會不會整天看起來都很沒精神？食欲不好？脾氣很差？情緒起伏很大？

如果你觀察到孩子有以上的跡象，請下定決心，排除萬難，在家庭的作息表裡，為孩子安排充份的睡眠時間，比方說，如果你的孩子

每天早上 7 點起床，就要讓孩子在晚上 8 點～9 點上床，讓孩子睡飽 10～11 個小時。

親子專家發現，許多讓父母深受困擾的行為問題，往往是孩子沒有睡飽所引起，疲倦的孩子往往容易亂發脾氣、容易和人起衝突、食欲不振，所以只要父母替孩子建立固定的作息時間，讓孩子睡飽以後，許多行為問題會像變魔術一樣，大幅改善喔！

雖然對雙薪家庭的父母來說，要早早陪伴孩子就寢簡直是不可能的任務，但是念在對孩子身心健康的好處，以及可以減少處理孩子行為問題的麻煩，建議爸媽還是要排除萬難，設法讓自己的孩子睡飽，必要時把工作帶回家、或是夫妻兩人輪班，陪孩子準時上床，都是可行的方法。

## 幾點該吃飯呢？

決定好上床與起床時間後，接下來就該定下三餐的時間囉！俗話說：「吃飯皇帝大。」經驗老到的父母更會發現「肚子餓的孩子，容易失控」，如果家裡有小孩，在固定時間吃飯是很重要的事。專家建

議，在定下三餐的時間後，還可以依照孩子的年齡，安排兩餐之間的點心，最高指導原則是「不要讓孩子餓肚子，也不要讓孩子在吃飯時間不餓」，你可以觀察孩子的反應，調整正餐與點心間的間距。

這樣煞有其事地談論吃飯，會不會正經得有點好笑？其實一點也不！事實上，如果還能全家一起吃飯，對孩子來說，好處更多呢！美國的一項研究指出：每週能和爸媽共進晚餐五次以上的孩子，學校成績會比較好；藥物上癮的機率大幅降低；遇到困難的時候，也願意向父母求救。

一起吃飯，不是大家把食物塞到口中，填飽肚子而已，更是全家人一起享受美食，享受彼此的陪伴，分享今天生活點滴的好機會。吃飯的時候，千萬不要全家人盯著電視看，讓電視成為晚餐的主角。

如果你的孩子「帶不出場」，吃沒吃相、吃沒兩口就四處趴趴走，沒辦法在餐廳中陪你一起享受美食，那麼，你就該想一想，是不是平時沒有機會和孩子好好坐下來進食，甚至養成追著孩子餵食的壞習慣，這樣孩子當然沒辦法理解「好好吃飯」的意思囉！

## 尊重孩子的秩序感，是一種身教

當家庭的作息固定下來後，如果遇到特殊的事件或日子，會影響平日的作息，父母就要儘可能事先告知孩子，協助孩子們了解，而能有所準備。比方說，某天因為孩子的學校活動或你的工作會議需要早起時，最好事先告知孩子，在前一晚提前上床，而不要事到臨頭，才要求一頭霧水的孩子配合。

另外，在合理的範圍內，我們也要尊重孩子因秩序感而引發的「龜毛」，比方說：堅持每天散步都該走同樣的路線；畫畫的紙張只要破一點點，就要求換新的；或是規定全家人晚餐時都要坐在固定的位置上。

當孩子因為某樣「秩序」被破壞而哭鬧時，請平靜地陪伴他、傾聽他並予以同情，再試著協助他找到釋懷與解決的辦法，或者不妨花費幾分鐘時間陪孩子一起「倒帶」，用對的方法再做一次。

別擔心這樣會把孩子寵壞了！當你願意理解並尊重孩子的感受或需求，儘量滿足孩子對事物固定的秩序與完美無缺的追求，正好是

一種身教，示範秩序是值得尊重的，即使是家人之間，大可以有商有量，協調出大家都感到舒服、安全的家庭規範與生活步調。

# Chapter 2

## 天呐！不及格的

## 生活力

有人說：做人要勤勞一點，但是如果當了父母，強烈的建議您「懶惰一點」，因為「越能幹的父母，往往教出懶惰的孩子」。

疼愛孩子的爸媽，大都將孩子捧在自己的手心中呵護，當孩子小的時候，捨不得孩子做家事，長大以後，擔心影響課業，更捨不得孩子做家事，有時候孩子偶爾想幫忙，爸媽還會跟孩子說：「好好念書就好，家事不用你操心。」因為考100分對爸媽來說才是無比驕傲，才是最重要的事！所以習慣把孩子能做的事都包辦了，什麼都幫孩子照顧得無微不至。等孩子開始上了幼稚園時，才發現孩子不會自己吃飯、穿衣……連照顧自己的基本生活能力都做不到。

其實，在孩子尚未有能力的時候，幫他們做是自然的、應該的，因為他們尚無自理能力，但，當孩子開始用雙腳去走向世界的時候，父母就該放手讓孩子開始學習，讓他們學

著照顧自己，不論是吃飯、穿衣、洗澡……等等，父母只要在一旁監督輔助即可，這樣孩子才能真的成長。

再怎麼疼愛孩子的爸媽，也沒辦法一輩子替孩子遮風擋雨，與其等到孩子大了以後，在職場上磕磕絆絆地學習；倒不如放手，從小讓孩子動手做，從照顧自己到承擔家務，讓孩子體驗到「我做得到」、「我有能力」、「我可以付出愛」……種種的成就感，如此孩子才能長成更有自信、更有能力付出愛的人！

別再說：「現在的孩子太難教了！」不少的孩子反而抱怨說：「都是你們把我寵壞的！」這……究竟是誰的錯。

# 06 茶來伸手、飯來張口的全包式照顧

少子化的現代社會，每個孩子都幾乎是家中的小公主、小王子，茶來伸手，飯來張口，天冷了，爸媽就追著孩子多穿衣服……慢慢地讓孩子連最基本照顧自己的「自理能力」都做不到了。

## Story 教養小故事

妮妮是家中的小公主，從小茶來伸手、飯來張口，什麼事都由大人幫她做得好好的。媽媽享受著照顧孩子、寵小孩的快樂，孩子享受公主般的待遇，一家人過著幸福快樂的生活。直到有一天，妮妮從幼兒園放學回來後，哭著說：「我不要去上學了，老師都不餵我吃飯，同學都笑我『連自己吃飯都不會』！」

## 正向看待孩子的「不會」

這樣的現象，並不是台灣孩子獨有的問題，一胎化政策下長大的大陸孩子，也有同樣的問題。一位幼兒園大班的老師問孩子：「在家時會不會自己穿衣服、收拾自己的東西、幫忙做家事？」結果發現，超過一半以上的孩子都是由家長包辦這些事。

曾任信誼基金會實驗托兒所所長的陳澤佩，提過一個想法：「學校其實是很好的檢核點，幼稚園這樣、國小也是這樣，學校的老師看到的孩子比較多，到了學校孩子的能力高低，其實馬上就會浮現出來。」

當發現孩子生活能力低落的時候，爸媽應該要正向地看待孩子的「不會」，不要覺得丟臉。比方說，當老師說「孩子不會自己穿鞋」、「孩子吃飯掉滿地」時……，爸媽應該要了解「我的孩子在這方面是較弱的、需要人幫忙的」，千萬不要指責孩子，讓孩子覺得自己比別人差，而是要親師合作，給孩子多一點練習的機會，在學校練習、在家裡也練習，孩子慢慢地就能發展出該有的生活能力。

## 放手，是給孩子的最大祝福！

坊間有一本書叫《放手讓孩子做》（附註5），序文中開宗明義地寫出要點「孩子不是『不會』，只是不知道『怎麼做』！放手，是爸媽給孩子最大的祝福！」

孩子要有生活力，就要有自己做事的經驗，然而前提是爸媽要懂得放手，這正是最困難的地方。爸媽們可以參考陳澤佩老師的說法，轉換「護子心切」的思維，來練習慢慢地放手：「所有事情要讓孩子獨立做時，爸媽都會很擔心。但是如果爸媽不希望把孩子養成一個沒有能力、很可憐的人，就要讓孩子一點一點練習。」

---

（附註5）《放手讓孩子做》由相良敦子著，三采文化出版。不知道「如何守護孩子」、「在家裡該教孩子什麼」的父母親，可從本書獲得解答。作者主張只要爸媽願意在家嘗試，讓孩子也能自己做、負擔責任、培養各種體驗，孩子自然會養成獨立自主的性格，不用煩惱孩子未來會缺乏生活力。

---

　　所謂「一點一點練習」，指的就是依照孩子的發展能力、有計畫與步驟性的放手，這是因為對許多的大人來說，根本是不假思索的生活瑣事，像吃飯、穿衣、洗澡……，對孩子來說，其實並不是一件容易的事。

　　雖然自己是個幼教老師，擁有豐富的幼兒經驗與知識，陳澤佩老師還是從自己的孩子身上再次深刻體會這點：「當初我讓兒子謙謙自己洗澡時，我也不知道要分步驟，結果孩子就做得一團亂，我才知道原來他很多細節都不會，需要分割成不同的步驟，比方說從自己抹肥皂、自己擦身體、自己穿衣服，接下來還可以自己準備衣服。」

　　那怎麼知道要分成多少步驟呢？陳澤佩老師建議：先讓孩子試著自己做一次，爸媽就可以觀察孩子還缺了什麼，可以怎麼分段來學習，協助孩子慢慢練習，反覆操練，才有辦法真正內化成為自己的生活力。

## 練習時放寬標準，先建立成就感

　　有一點要提醒爸媽的是，在替孩子養成生活力時，要放寬標準，

不要期望孩子做到完美，要讓孩子有成就感，覺得「我可以！我很棒！」比方說，許多親子容易發生衝突的吃飯場景：當爸媽要訓練孩子吃飯時，不要讓孩子處於吃不完的挫敗中，不要一下子給孩子太多、也不要給他不喜歡的食物，讓孩子能夠吃得完，讓他覺得「我真的很棒，我明天還要再試一次」，一試再試，試到「自己吃」這件事，可以內化成為他的能力。

用同樣的方法和原則，隨著孩子的發展步調，慢慢地讓孩子培養起該有的生活能力，比方說幼兒園的孩子可以自己穿鞋、吃飯，等上了小學可以擔負的責任更多，有更多的能力，就開始讓他照顧自己的功課，不要小孩一通電話，就替他把忘了帶的東西送去，只要在安全無虞的情況下，都要讓孩子試著為自己負責任，透過失敗的經驗，記取教訓。

教育，應該要讓孩子有能力適應未來的生活，爸媽從小讓孩子練習面對生活的各種能力，透過自己動手照顧自己，不但能提升孩子的能力，也是培養孩子獨立意識、體會自我努力的快樂，獲得自信的最好來源。

一個什麼都不會，樣樣等爸媽幫他做的孩子，就算智商再高、考試成績多麼好，都不會是個幸福的人。甚至有研究顯示，從小依賴父母的孩子，缺乏自理能力與獨立性，總認為「就算天塌下來，也有爸媽頂著」，小時候倒也還好，等到孩子越來越大，子女的需求和爸媽的能力差距越來越大，反而會因為爸媽的「幫不上忙」，引發親子間彼此的不滿和衝突呢！

## 生活體驗不足的另一種後遺症

除了生活能力不足，爸媽的過度呵護還造成另一種後遺症——越來越多的現代孩子，被認為有「感覺統合失調」的問題。什麼是感覺統合失調呢？簡單地說，感覺統合是將人類器官各部分感覺信息輸入，組合起來，經大腦統合作用，對身體的內外知覺作出的反應：「感覺→接收分析→做出反應」是身而為人，最基本也最重要的一種能力。

若是感覺統合失調，腦部感覺接收器及感覺神經通路就不能正確地接收外在環境的訊息，而形成孩子動作的遲緩或不協調、反應遲鈍，讓家長、老師、同學誤以為他們是故意搗蛋、不專心、或智能有

障礙等，因此無法建立良好的人際關係、沒有自信，進而產生情緒困擾或行為問題，無法有效學習，甚至拒絕學習，形成一個惡性循環。

為何這個過去與特殊兒童教育連結在一起的專有名詞，會變成現代一般爸媽的煩惱呢？這應該與生活環境改變有關，加上爸媽的過度呵護所造成。

為什麼現在很多孩子感覺統合能力不好？「因為很多家庭的環境太好，爸媽都替孩子做完所有的事了，孩子根本沒有機會動。」從國小校長崗位退休、現任格林菲爾托兒所（附註6）校長的劉美娥，總結她的觀察之後說：「孩子沒有機會自主地去嘗試、學習、探究的過程，上學後就很不適應。」

 （附註6）「格林菲爾托兒所」由元大京華證券董事長杜麗莊女士所創立，「格林菲爾」源於英文「Green Field」，期望能在沒有框框的綠色大地中，培養未來的生活智慧家，除了幼兒教育，假日更開辦親子及兒童課程。（電話：02-8732-9191）

她觀察到有的孩子極度怕髒，深入了解後便發現，孩子在家裡只要弄到一點不乾淨的東西，媽媽或其他大人就會馬上幫他擦掉。其實，感官的探索對孩子的身心發展很重要，處於感官動作期的孩子，需要充分透過與周遭環境互動的「體驗」，將自己的感覺統合能力提升。而大人的愛乾淨，卻阻擋了孩子對觸感的摸索。

再加上生活型態的改變，使得居住在都市空間的孩子，因為生活空間小，沒有充份的空間可以透過爬行、走路、奔跑，來感受身體的平衡、肌肉的伸展……，所以全身的大肌肉和小肌肉都沒有機會好好地發展，結果造成感覺統合失調的孩子越來越多。

根據劉美娥校長的分享，建議爸媽應該要讓孩子「所有身體的大肌肉、小肌肉都嘗試與運用！」不論是自我照顧的生活能力，痛快活動的大肢體遊戲，或常常帶孩子走出家門、讓多采多姿的大自然，刺激孩子的各種感官，豐富孩子的感官經驗……都能讓孩子活得更好更健康，成為生活的智慧家。

# 07 不忍心見孩子受挫折

當小小孩跌跌撞撞地學走路時，爸媽再怎麼捨不得也都要放手，讓孩子從一次次跌倒中，慢慢練習怎麼站起來，怎麼走得更好！因為，這是他以他的身體融入周遭世界的方式；而且，人最真實的知識須靠自身的體驗得來，才能發展成智慧。

## Story 教養小故事

隨著孩子成長的腳步，走出家門、步入校園後的學習生涯，往往就脫離爸媽照顧的勢力範圍，好在「家長參與」的潮流興起，孩子的功課太多、太少，孩子在學校被同學欺負、沒有人願意跟孩子玩……都是爸媽可以介入的事情。「怎麼可以讓我的孩子受挫呢？」爸媽隨時都可以到學校，也能透過電話遙控，要求老師給孩子一個交代！

##  別當草莓製造機

許多爸媽都很擔心自己的孩子變成草莓族，沒有挫折忍受力，一碰就受傷，那麼就要回頭省視一下，自己是不是草莓製造機？自己是否捨不得孩子受挫？捨不得放手讓孩子嘗試，什麼都替孩子安排妥當呢？

就像身體能力的進步，要伴隨著跌倒的副產品，其實心智能力的成長也一樣。當我們的孩子在生活中，碰到困難與問題，不知該如何是好的時候，身為有過相同經驗的爸媽，很自然會想要以自己豐富的生活經驗，幫助孩子做出理想的選擇，讓孩子可以快速解決問題。

但是，當你急於幫孩子解決問題，確保孩子不要因為犯錯而付出代價時，其實也剝奪了孩子從行為後果中學習的機會，以及獨立解決問題的能力。

如果你急著給意見，不給孩子嘗試的機會，會讓孩子依賴成性，所有的事都不自己思考、自己想辦法，只要照爸媽說的做就好，反正「成也父母，敗也父母」，問題解決了是爸媽的功勞，問題沒辦法解

決就怪爸媽的方法不好。將來長大，脫離爸媽的呵護範圍以後，很有可能就沒辦法自己解決問題，變成沒辦法面對挫折的草莓一族。

## ❤ 嘗試、挫敗與承擔後果

就好像學走路時一定要跌個幾次，學習替自己解決問題、負責任的同時，難免也要承擔失敗與挫折，這是孩子成長必經的路途，再怎麼疼愛孩子的爸媽，也沒辦法代替孩子來承擔。

讓孩子有機會去經歷失敗與挫折，能幫助孩子為自己的行為承擔後果，比方說，孩子應該要自己準備上學用具，爸媽不要孩子一通電話，就替孩子把忘了帶的東西送去，應該讓孩子試著面對自己行為的結果，像是想辦法跟同學借。讓孩子有機會把自己的事情做好，面對沒有把事情做好的後果，這樣孩子才能學會「替自己負責」。

英國教育學家史賓塞也贊成這種做法，他認為「讓孩子承擔行為後果的自然懲罰法」，比人為懲罰更有效，不但不會造成親子關係的疏離，更能讓孩子產生正確的因果觀念，孩子會很清楚什麼該做，什麼事不該做，會產生什麼後果，然後從這樣的經驗中產生自我判斷，

這樣的判斷會比大人權威式的說教，更讓孩子心悅誠服。

## 教孩子正向面對挫折

不過，放手讓孩子面對自己行為的後果，有兩個重要的前提：第一是要「安全無虞」；另外，就是要在孩子遇到挫折、或必須承擔後果時，陪著孩子正視挫敗經驗。

坦然接受生命中的挫敗，將挫敗當作學習的好機會，讓孩子可以從挫敗中找到「下一次進步的契機」。比方說，當小小孩不小心跌倒時，爸媽如果說：「活該，不是叫你不要跑那麼快嗎？」或是說：「是地板不好，我們打地板！」這樣的說法，並不能幫助孩子下次不跌倒，只會讓孩子覺得自己不聽話，或是遷怒地板，把責任都歸到地板身上，沒辦法心平氣和地思考「下次怎樣才不會跌倒？」

但如果換一種說法：「跌倒了，痛不痛呢？你看這裡的地板高高低低的，走的時候要注意看，才不會跌倒喔！」孩子承擔自己沒好好看路的後果，了解爸媽對自己的關愛，也發現原來不同「材質」的地板，要先觀察一下再走，自然能減低不小心跌倒的機會。

## 引導孩子想出解決辦法來

　　隨著孩子越來越大，面對人生各種選擇的挑戰也會越多。在需要介入協助孩子的情況，爸爸媽媽也要隨著孩子的成長，用有效的引導來協助孩子解決問題。那麼，怎麼樣才能有效地引導孩子呢？

　　友緣基金會的詹純玲老師說：「當孩子在學校被處罰、或是有交友問題時，不要太快給孩子批評、指教、建議，先聽孩子想說什麼，再來看看孩子到底要什麼，你才有可能真正去引導他。」

　　詹老師舉公車上的親子互動為例——當媽媽對孩子說：「白色的鞋子要常常保養。」孩子就說：「沒有用，反正同學都會踩我的鞋子。」媽媽生氣地說：「怎麼會有這種人？那你要跟老師說」，孩子沒有說話。媽媽又說：「我剛才說你有沒有聽到？要跟老師反應⋯⋯」，孩子還是沒有回應。

　　詹老師分析上面這個互動：媽媽沒有罵孩子，她的建議也沒有錯，但孩子不說話，代表孩子不接受。孩子有可能擔心告狀被同學討厭、或是他不想洗鞋子、覺得反應也沒用⋯⋯但重點是——他不想接

受媽媽的建議。到底孩子心裡想些什麼？因為媽媽太急著丟出建議，所以沒機會聽到孩子的想法。

因此，爸媽在給孩子意見之前，要先聽孩子說說看：什麼情況下別人會踩你的鞋子？有可能他們在玩的時候，不小心踩到；或者，孩子真的是不會保護自己……再問問看孩子打算怎麼辦？是否想出解決的方法？

「大人急著給建議，孩子的聰明才智就出不來。」有許多和孩子相處經驗的詹老師信心滿滿地表示：「很多時候孩子比我們大人有創意得多。」只要大人能陪著孩子把事情想清楚，幫忙孩子做多方的沙盤推演「如果這樣做，會怎麼樣……」一定能商量出親子都覺得可行的方法。過程中，孩子學到覺察自己的情緒、從更多元的角度看事情。也因為這個結論，不是爸媽的命令或建議，而是孩子也參與討論而得的，自然容易實踐與完成。

# 08 不用擔心，
## 一切自有爸媽作主

　　生命中充滿各式各樣的選擇，小至早上出門時要穿哪件衣服、大至人生方向的抉擇，每個人所做的各種選擇，決定了服裝的風格，也決定了人生的主調和方向。再怎麼疼愛孩子的爸媽，都無法代替孩子過未來的生活，替孩子做好每個決定，因為每個孩子都要獨自面對自己的生活，面對各種選擇，並承擔自己選擇的結果，不論好壞。

### Story 教養小故事

　　小喬是個聽話的小孩，從小爸媽說什麼，小喬都會乖乖聽話照做，爸媽覺得自己真是太幸運了，可以生出這麼乖的小孩。不過，隨著小喬一天天長大，爸媽發現小喬很難做選擇，每次問他想要選什麼？他不是說「不知道」就是說「隨便」。這讓爸媽開始有點擔心，連做選擇都沒辦法，小喬將來有辦法獨立面對生活嗎？

## 讓孩子參與家庭的變化

　　孩子雖然小，身為家庭中的一員，當家庭中發生重大改變時，他也會受到改變的影響，卻常因為不明狀況，而產生莫名的焦慮，偏偏在大人自己也兵荒馬亂的時刻，往往很難有餘力來照顧孩子的心情。

　　這樣的時候，爸媽應該要提早讓孩子了解，將會發生什麼情況，並將整個事件從頭到尾，仔細向孩子解釋清楚：生活會有什麼改變？為什麼爸媽會做出這個決定？大人的考量是什麼……。

　　舉搬家為例，陳澤佩老師詳細說明：從準備要搬家前一個月，就要提早告知孩子，說明搬家的理由、搬家需要做哪些事情，甚至可以列出搬家流程圖與工作清單給孩子看：舊家的整理裝箱、哪天要搬家、搬到新家後的拆箱與定位……爸媽還可以問問孩子，他想要幫什麼忙。

　　這樣清楚的步驟，會讓孩子了解搬家的大概流程：想像事情的來龍去脈、各種事件的先後步驟、自己能選擇幫忙的部份……。讓孩子參與家庭的變化，不但能平復孩子因為狀況外而產生的不安與焦慮，也讓

他成為「生活選擇課」裡的旁聽生，增進對於做選擇的思考能力。

當然，不是等到重大事故發生的時候才讓孩子參與，平時就可以讓孩子參與家庭的計畫，比方說週末要去哪裡玩、或者要去哪裡參觀……等等，讓孩子參與討論，並在討論過程中發表意見，再投票表決。

一開始，孩子當然沒辦法說得很清楚，但是沒關係，爸媽只要多給孩子時間與機會，認真把孩子當作「家中的一份子」，傾聽孩子的意見，尊重他的看法，這樣的尊重與耐心，會讓孩子越來越有信心，依照自己的偏好做出選擇，並有能力說明自己的選擇從何而來。

## 有自主權，讓人快樂又長壽

關於選擇，有個有趣的研究，將養老院的老人分成兩組，A 組每週一、三、五吃水煮蛋，週二、四、六吃荷包蛋，B 組可以每天自由選擇要吃水煮蛋還是荷包蛋，結果 B 組的老人比較長壽。這是因為「選擇」是一種對環境掌控的自主權，有選擇權的人，自然會比較快樂、長壽！

　　不論孩子多小，一樣都想要透過選擇，來主張自我的「存在」：想穿印有車子圖案的衣服，不想穿狗圖案的衣服；只要洗澡，不要洗頭；要吃馬鈴薯，不吃紅蘿蔔……透過這些選擇，小小孩正練習著表達「我的感受是什麼？我喜歡什麼？討厭什麼？……」這是覺察自我，認識自我，建立自信的重要過程。

　　除了影響全家的事件，日常生活中，那些只影響到孩子自己的選擇，也要多尊重孩子的想法與抉擇。爸媽如果能放下「我說了算數」的想法，依照孩子的年紀與能力，多提供機會讓孩子來做選擇，不但能提升孩子的信心，也能促進他的思考能力。

　　小一點的孩子，受限於本身的認知能力與生活經驗較少，爸媽可以協助孩子將選擇做設計與引導，比方說，在冷天時，拿出兩件保暖的衣服，讓孩子選擇其中一件，而不是任孩子在衣櫃中翻出夏天的上衣，引發親子的衝突，也讓孩子做選擇的信心打折扣。

　　大一點的孩子，爸媽還要更積極地提供更多的練習題給他。比方說全家出門前，和孩子約定好逛街時只能買 100 元以內的一個商品，為了用 100 元買到最愛的玩具，孩子就要仔細考慮「下單」時間：會不會買了以後，又出現更喜歡的呢？還是，萬一等一下我想回頭來買

的時候，這就被賣掉了⋯⋯

　　透過這樣的過程，孩子要練習收集最多的訊息、再根據手上的訊息做出判斷，然後勇敢地做出選擇。如此，不但孩子的思考能力變得更好，爸媽對孩子的信任，也讓孩子更有自信。

　　提醒爸媽，在你提供孩子做選擇的機會時，也要「信任」孩子有能力承擔選擇所帶來的結果：當結果是好的，記得讚美孩子的選擇，萬一結果不好，也不要責備孩子，要讓孩子有機會從錯誤中學習，比方說：當孩子買了車子以後，又發現更想買的沙畫組，不要捨不得孩子難過，立刻掏錢替孩子買下來。只要同理孩子的難受，並和孩子討論下次有沒有更好的辦法，可以確保自己買到的是最想要的東西，那麼，未來孩子在遇到同樣的選擇情境時，一定更有能力做出對的選擇。

## 放手讓孩子面對未來的選擇

　　從小讓孩子練習做選擇，比如說，從為自己每天的食衣住行做選擇、參與家庭變化「旁聽」爸媽如何做選擇、進而在家庭事務中，做

出選擇並說服別人……這些都是培養孩子做選擇的練習題，讓孩子的思考更周詳，分析能力更清明，更有勇氣做出選擇，並且能夠自己承擔結果。

這些練習，一方面能幫助孩子更有思考力、更有責任感，另一方面也讓爸媽能安心一點，確保孩子在未來的人生道路上，有辦法替自己做出最好的選擇，讓人生走得更順。雖然爸媽都希望孩子照著自己規劃的路，就能一路順遂，但孩子不見得願意照你規劃的羅馬大道行走，偏偏想要自己闖闖看。

當孩子面臨要當兵、重考還是出國留學的選擇時，候文詠安慰擔心的太太說：「我們為人父母可以影響孩子，給他洗腦，但不能替孩子做決定。」放手讓孩子去闖吧！「尊重孩子的選擇，等於尊重他的思考和判斷，也就尊重了他的未來」，相信你的孩子在滿滿的愛中，擁有自信與智慧，能找出適合自己，讓自己發光發熱的路！

# 09 孩子有求，
父母必應

　　在這個消費年代中，無數大量曝光的廣告，企圖主導我們的人生，挑起消費者的潛在需求，感覺非得「買OO，才能彰顯自己的品味與獨特價值」。社會觀察家發現，某種程度上，人們變成在滾輪上拼命跑著的白老鼠，拼命賺錢的同時，也拼命花錢，買回「我很棒」的意象。

## Story 教養小故事

　　明明的爸媽共同經營一間代理公司，生意很好，為了搶訂單，爸媽常常要超時工作，甚至假日也都要出差，所以明明的生活由菲傭照顧、學業由學校老師和安親班老師合作，連假期時都有專門的營隊可以收容明明。當明明希望爸媽多陪自己一下時，爸媽總說：「等我們有空的時候再陪你玩，你不是想買最新的電動嗎？這些錢給你去買吧！」

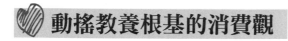
## 動搖教養根基的消費觀

這樣的心態，也影響爸媽親子教養的態度。

日本心理、社會文化大師河合隼雄在報導中提到：「曾有父母問我：『有沒有設施可以把我的孩子變好？不管多少錢都無所謂。』」這種「只要買得到好結果，不管多少錢都無所謂」的消費者心態，讓忙碌的爸爸媽媽選擇將教養孩子的工作「外包」，認為「越貴的學費就越能證明我對孩子的愛」，所以再貴都值得。

當爸媽將教養工作都外包的同時，為了彌補不能好好陪孩子的內疚感，往往也選擇用物質來補償孩子，「雖然我人不在你身邊，但是買你想要的玩具陪你，也是一樣吧！」選擇將孩子對爸媽的愛與需求，「代換」成物質的補償。

美國一項研究詢問 8～18 歲的孩子：「什麼事物會讓你快樂？」12、13 歲孩子心中的前二名是「金錢」和「名牌服飾」。學者認為這樣的孩子是缺乏自信，將擁有許多高檔商品當作是自己的快樂來源。當這樣錯誤的價值觀，在孩子心中根深蒂固；當一個人的快樂，不是

來自於人際互動的愛與被愛，而是建立在「物質」上，將來為了一個名牌包包，孩子願意付出的將是什麼樣的代價呢？

一名在知名大學擔任行政工作的資深助教，也觀察到學校生態的改變，越來越多大學生抱著消費者心態進入校園中，認為學校的一切行政，應該配合「我的需求」，凡是讓自己不方便的行政流程，比方說選修限制、補考流程……都是「不尊重我的權益」，全然忘了求學的目的何在，在這種心態下畢業的孩子，從學校裡到底能學到多少東西呢？

## ❤ 有求必應，讓孩子沒有「希望」

或許，從物質生活享受來看，這一代的孩子真的可說是「最幸福的一代」，由於經濟條件的提升，加上家庭中孩子越來越少，獨生子女的比例越來越高，孩子擁有的資源可說是越來越多。

有求必應的孩子，並不真的比較幸福。出版童書、寫過多本親子教養書籍的大穎文化總編輯，更是 BLOG 上出名的荳芽和蝴蝶的媽媽也在文章中提到：「對一個孩子最殘酷的事，就是讓他有求必應。」

　　當孩子要什麼就能得到什麼的時候，孩子的人生反而變得「無聊」、「沒動力」，要什麼東西，開口就能得到，孩子也就沒有機會體會「靠自己努力，費盡千辛萬苦後，獲得想要的東西」那種甜美無比的成就感。

　　心理專家形容，這些在「願望盡頭」的孩子，反而像希臘神話故事中，那些百無聊賴、總是唆使別人發起戰爭的神祇們：「正因為他們要什麼有什麼，有任何願望可以馬上實現，就變得不再有希望。希望，是建立在有未實現的理想、有需要花費力氣才能滿足的需要上。由於不需要希望而失去希望，神也會變得煩躁。」

## ♥ 幸福重要？還是財富重要？

　　你猜河合隼雄怎麼回答「有沒有設施可以把我的孩子變好？」的問題？他的回答是：「有，而且不要錢，就是你的家，不花錢，但費心。」孩子想要的很簡單，就是愛自己、願意陪伴自己的爸媽，不要想用物質來取代自己的缺席。

　　雖然生活和工作的壓力真的很大，但爸媽應該想清楚生命中的優

先順序，是孩子的未來和幸福重要？還是擁有想買什麼就買什麼的財富重要？做對選擇，盡力在能陪伴孩子的時間中，好好陪他，滿足他被愛與愛人的需求，也讓孩子了解「雖然爸媽很愛你，但不代表你想買什麼東西，我都有義務要買給你。」試著用孩子能理解的語言，讓孩子了解簡單的家庭收支概念，不要讓孩子的物質欲望無限擴張。

國內外的研究報告都顯示：長期習慣父母經常「有求必應」的孩子，有較高比例容易養成以「自我」為中心的人格特質，讓孩子造成「世界繞著我轉」的錯覺，認為別人理所當然要對他好，而不懂得「對別人好」，錯失「對別人付出的滿足」體驗。

有限度地回應孩子的需求，讓孩子理解真實的世界中，不是他想要什麼都能得到。豐富孩子的生活體驗，讓孩子了解許多快樂是建立在人與人的互動與自我實現上，而不是只有買東西，才會帶來快樂。

## 還給孩子「付出而後得到」的幸福體驗

一位媽媽形容「當孩子在賣場中用『可憐兮兮』的小狗眼神看著我，我就會心軟鬆口」，對愛孩子的爸媽來說，滿足孩子的需求，同

時也滿足「爸媽給予的樂趣」，真的很難拒絕孩子的要求；但是，爸媽要提醒自己，有求必應的同時，孩子也失去自己爭取的樂趣，失去學習生活、靠自己努力來獲取幸福的體驗。

「有時候要讓孩子等待，而不是他想要的東西都要給他。」曾任信誼基金會實驗托兒所所長的陳澤佩老師，有一個不錯的辦法可以提供給大家。她和孩子約定好，每年生日時可以選一個想要的玩具，平時，孩子逛玩具店時，每次想買的東西都不一樣，她就會給孩子一個小本子，把自己想要的東西記下來，等到生日時再看看清單上的玩具有哪些。如果除了生日禮物以外，還有其他想買的東西，陳澤佩老師就不會買給孩子，而要求孩子用自己存的零用錢來買，最近，她的孩子已經成功存到買最愛玩具的巨款了！

最近由於信用卡債的問題，許多爸媽開始關注孩子的金錢與預算教育，這些其實都需要從小練習，讓孩子擁有自己的零用錢，學著分配、規劃、掌控自己的積蓄，就是最有效的方法。

# 10 再累都不放手

孩子會長大，上幼稚園，接著是小學和國中、高中和大學，接著出社會，你也許感到不可思議，但還是必須告訴你這個殘酷的事實，從孩子開始進入團體生活那一刻，你會發現，愈來愈不了解每天都見到面的這個孩子，直到有一天你會發現其實真的不太懂他——你最珍愛的寶貝到底在講些什麼。

## Story 教養小故事

剛升上國二的偉翔趁開學之前，趁著暑假的時候參加遊學團，因為偉翔是一個自律性極強的孩子，所以不太需要父母親多加操心，但即使如此，偉翔的媽媽總是成天為唯一的兒子操心：「你這禮拜就要出國了，東西都準備好了嗎？」「媽，你不要再管了，好不好？」偉翔不耐煩的說。偉翔的媽媽愛子心切，聽到兒子這樣說只得忍住，但是一顆心還是懸著。

## 不得不承認，孩子真的長大了

　　父母親總是在想：當孩子在學校時，都和同學一起做些什麼？當他們終於有了「好朋友」，他們的興趣又是什麼？當和孩子的互動逐漸減少，互相瞭解的機會也愈來愈少。

　　好玩的是，父母親總是以為自己最了解孩子，學校老師也同時都這麼以為，以為有什麼事向父母親說明就好了，但偏偏他們願意講心裡話的，卻總不是父母和老師，是他們認為會和他們站在同一邊的人，是他們自己認為了解他們的人，這種人通常是他們的好朋友，有什麼問題他的好朋友會最先知道，父母親和師長總是在最後才了解，原來孩子是這樣想的。

　　教學多年以來，常常聽到孩子們告訴我一些不可思議的事情，這些事情可能是他們開始談戀愛，有了戀愛的問題，有時候是爸爸要他將來當醫生，但是他自己覺得不可能，而且唸得很辛苦，有時候是和我分享流行資訊，才知道原來孩子們有自己的審美觀，和我們這個世代的大人們有很大的差距，有時候是他們會告訴我他們都在學校做什麼壞事，他們可能抽煙、破壞公物，原因是很酷和精力旺盛，學校太無聊。

知道我在當國文老師的朋友，有時候會訝異：「為什麼你的學生都敢告訴你這些？不怕被罵嗎？」我總是笑笑說：「就是不怕被罵啊！」我也曾經因為學生問了一些感情或兩性之間，一般老師不願意回答的話題，而向他們提出：「嘿！孩子們！這種問題應該問你家爹娘會好一點吧？」畢竟一般家長不願意知道補習班老師對孩子有問必答的程度如此開放。

　　但這時候孩子們會用一種哀求的眼神看我，接著說：「老師！因為問我爸媽就等著被罵一頓啊！」顯然他們的顧慮和我一樣，這些他們想問的問題對家長來說都是「禁忌」。

　　因為會被罵所以不敢和自己的父母親討論或商量，那麼逐漸長大的孩子心裡在想什麼？在學校都做些什麼？自然父母不得而知，學校老師即使發現問題，想要向父母反應，父母親一知道又大驚，孩子在家還要面對父母親突如其來的質問，在學校還要面對老師的「監視」，聰明一點的孩子早就學好一套「陽奉陰違」的招數來因應。

　　我有個學生說他小學開始就開始抽煙、混幫派，爸媽都不知道，一直到國中發生了一件比較大的鬥毆事件之後才曝光，他爸媽開始禁止孩子除了上課之外的所有活動，但天曉得孩子用什麼方法繼續和幫

派連繫？一直到他的「乾哥」被抓去關了，他才淡出他所屬的小幫派。

## 從孩子的眼睛看他們的世界

　　有時候孩子在成長期間所遇到的事情會讓他有很多的成長，像剛剛提到的學生，在幫派期間他還因為幫派的事情被圍毆加恐嚇，他爸媽知道他被打傷了說要告對方，他卻用自己的方法讓自己全身而退，情節宛如電影一般活生生的演出，但可以確認的是爸媽所建議他的方法卻在幫派行為中絕對是反效果的，說去告對方，結果官司沒打完，孩子可能先被打死了。

　　提到這些不是提倡孩子混幫派是好的，但是父母親對於每天見面的孩子卻真的是一無所知，他們也不了解孩子有自己的處理方式，更不了解在他們的生活圈中到底發生了哪些事情，什麼對他們來說是重要的，什麼對他們來說是無所謂的。我們一直強加自己的價值觀在孩子身上，他們只會覺得我們是老古板，不了解他們的想法。面對這樣的情況，我們究竟應該要怎麼做才好？

首先要放下我們身為「大人」的身段，站在他們的立場和位置去思考他們每天所遇到的事情，面對他們所遇到的、所發生的事情不是一味的反對再反對，先傾聽，先思考，再和他們討論，清楚的說明我們所要他們完成的事情，例如：讀好書，為什麼要他們讀好書，而他們也可以提出為什麼他們對於讀書這件事情興趣缺缺，他們比較有興趣的是什麼？畢竟人生不是只有讀書這回事，有時候，很多事情比讀書更重要，例如：快樂。

接著，問他們「為什麼」，為什麼孩子要穿 NIKE 的名牌球鞋，而不穿菜市場、路邊攤賣的平價球鞋？為什麼孩子們服裝儀容不想按照學校規定？要到什麼程度才是孩子可以接受的？為什麼想要刺青？為什麼要和那些朋友在一起？這些問題的答案只有孩子們自己才知道，他們有他們的認知和價值觀，但沒有問他們「為什麼」之前，他們不會講出來，甚至當你問「為什麼」的時候，他們也不見得照實說，因為說出來「會被罵」。

這就是為什麼我的學生願意和我分享他們人生中所遇到的各種疑問，為什麼他們覺得和我討論事情比和他們的父母討論事情來得有幫助，因為我是站在和他們相同的位置在思考並提出他們可以做到的建議。

就像我的學生一直考不及格，但我也不會一下子要求他們要每科考一百分，我會請孩子先從比較有興趣，或者比較可以達成的科目先做起，每次一點點的努力，他們覺得這要求不過份，就願意和我一起努力完成我們的目標，當他們完成了目標，我們還會一起去買飲料慶祝一下，下個階段再一起設定新的目標，一起達成。

了解孩子不是一件很困難的事，孩子通常沒有什麼心機，大人們一眼就可以看穿他們的把戲，我們都曾經是個孩子，他們的叛逆愈強，也請想想自己小時候是不是也是這樣走過來，把事情攤開講個明白，他們也才會向大人們說出自己心中的想法。所以，請試著了解他們，從他們的角度看世界。

## 父母也要學著相信孩子的品格

我曾看過一份很有趣的資料，資料上說這些情況是孩子變壞的徵兆，茲引用如下：

青少年學生誤入歧途前的行為特徵可分為三大類——

## 1. 在學校的情況：

經常遲到、翹課或逃學；上課睡覺、照鏡子、吵鬧、任意走動、看漫畫或聽隨身聽、作業不繳、成績一落千丈、有作弊行為；向同學恐嚇要錢、或借錢不還；帶頭起鬨，排斥好學生；被記過或處罰、毫不在乎；耍老大、喜歡使喚別人；頂撞師長、我行我素；看人不順眼，就想跟人打架、鬧事；身上有菸味或有香菸；罵三字經，喜歡講暗語或江湖術語；經常說謊或比較叛逆。

## 2. 在校外的情況：

出入校門有外界人士（不是家人）接送；常在電動玩具店打電動玩具；成群結黨，雜交男女朋友；跟一些道上的人混在一起，參加幫派；在色情場所打工；愛做刺激的活動，如飆車、吃違禁藥品……等；放學後在外遊蕩，不回家。

## 3. 在家的情況：

經常逃家；電話突然增加，或講電話很久；常一個人關在房裡，不知在做什麼事；錢用很兇，要求增加大量零用錢；不聽父母的話，會頂嘴；幾乎每個假日都有朋友邀約外出；偷看色情漫畫、錄影帶、充滿黃色思想。

　　有些爸媽大概看了看以上的「特徵」，就會開始緊張：「不知道我的孩子是不是也有這樣子的情形？」「我的孩子好像也會這樣。」「我的孩子是不是變壞了？」種種的疑慮紛紛湧上心頭。拜託，各位親愛的家長和老師們，這些都只是表面上的「特徵」，該關心的是為什麼會引發這些行為的「原因」，而不是結果！

　　如果把這些所謂的「問題行為」做成問卷，由老師發給班上學生不記名填寫，大概可以發現孩子們多多少少都有上面那些行為，而好孩子真的都沒有上面的行為特徵嗎？即使沒有也會有別的問題行為，但是同樣的會被老師及家長忽略，因為老師及父母親只在乎有沒有上述那些問題，卻不在意這些行為產生的根源是什麼，不了解這些行為的根源，只是一味的認為這樣的孩子變壞，然後加以強硬的管制，不如乾脆不要讓孩子上學算了，追根究柢這才是杜絕上述情形的方式吧！

　　不瞭解問題的根源卻想解決問題是不可能的，我們在算數學應用題的時候，第一件事不是埋頭猛算，而是要先看懂題目的問題，看題目要求什麼，我們再依照題意套公式求解；寫作文的時候也是一樣，作文題目連看都沒看清楚，有導引文字不看，有圖解不看，結果原本是一篇簡單的看圖說故事硬是被寫成似是而非的論說文，這樣文不對題，怎麼可能寫得出一篇六級分的作文呢？

曾經有一個案例：有一個小女孩每次上課都打瞌睡，老師告訴父親，父親覺得很生氣，就質問孩子夜裡都在做什麼，結果小女孩什麼也沒做，早早就上床睡覺，但是她睡不好，老是賴床，到了學校又因為睡眠不足而打瞌睡，長期下來成績一落千丈。

　　考試考不好，自己不知道該怎麼面對父母親看到成績單後鐵青的臉，不敢回家，經常在外遊蕩，而學業上沒有自信，整個人暗淡無光，臉上的笑容變少，連朋友都變少了，爸爸質問她在外面做什麼，她也答不出來，只好默不作聲，爸爸以為小女孩突然叛逆期到了。

　　老師看情況不對勁，建議爸爸帶女兒看心理醫生，才知道小女孩因為時常看見爸媽吵架，兩人吵著吵著就要離婚了，心裡很不安，才開始睡不好，跟著是失眠，然後才影響到學校的表現。

　　像這樣的案例，表面上看起來和上述情況相符的項目有四五個之多，但小女孩真的變壞了嗎？其實並沒有，她只是因為擔心父母親如果真的離婚了，她不知道要選哪一邊，她不想沒有爸爸，也不想沒有媽媽，她其實只是很單純的想要有一個完整的家庭而已，後來經過心理輔導，她的情況改善了，而終於走出陰霾。一開始爸爸的擔心其實是多餘的，而如果不是看了心理醫生，小女孩可能真的走向不歸路。

## 自然成長就不會變壞

其實當孩子漸漸長大，他們總是有些「秘密」的，那些秘密是他們的「隱私」，現在的孩子們可聰明了，有時候他們一群人聚在一起，我湊過去問他們在討論什麼，他們就算和我很要好，也不會告訴我他們在說些什麼，他們會眨眨眼，一臉古靈精怪地說：「這是我的隱私。」「妳不要侵犯我們的隱私權。」當然我是一笑置之，總之孩子們不要出什麼岔子，功課不要整個荒廢，做人處事一切正常，就沒什麼好管的了。

有個學生的媽媽一直管得很嚴，連在家附近的補習班上課都要來探班，而且會不發一語的跑進教室，直接對學生大吼：「你上課給我專心點！」結果當時只不過是遇到下課時間，而我和學生們正在閒聊，因為聊得很開心，所以全部的學生沒有一個走出教室的，乍看之下還以為是在上課，但對於不明究理突然跑進教室的母親，我可以理解她的心理，卻不能苟同她的做法。

第一，當時是下課時間，本來放鬆一點也沒關係；第二，如果我在上課，那這教室的秩序是我在負責的，孩子有沒有專心是我這個老師的事，家長本無權過問，有什麼意見可以和班導溝通再轉達就好，

犯不著衝進教室；第三，怎麼樣也是我在上課，直接連門都沒敲就衝進教室，影響我的上課秩序，也不尊重我這個正在上課的老師；第四，那天接下來的課程中，那位學生一直無精打采，其他學生也從專心變成不專心，那位母親的「愛」連帶影響其他學生上課的心情。

　　這些我都看在眼裡，但這時候也不能多說什麼，因為她媽媽下課時間衝進教室的舉動讓這位同學覺得「很沒面子」，我又花了半節課講了一些五四三的事情才把全部學生的注意力拉回來，學生明明就在補習班上課，何必用這樣「緊迫盯人」的方法管教孩子呢？當事人表面上沒說什麼，同學們卻一直對我解釋著：「他媽媽就是這樣想太多。」

　　這樣管沒什麼好處，只會加深上述「變壞」行為特徵中的「不聽父母的話，會頂嘴」，結果補習班成了那個孩子的出口，他沒有變壞，卻也不愛待在家，至少待在補習班讓他覺得鬆一口氣。不希望孩子變壞最重要的是，要讓你自己成為孩子的出口，而不是在外面尋找出口，讓孩子放心的找你談心事，而不需要你緊緊跟著他的每一步，他快跌倒了就跌倒了，爬起來就是，他要被火燙著了就燙著了，以後他就不會再碰火。

記得很久以前，看過電視上對知名影星——成龍做過一段專訪，其中提到成龍要踏入演藝圈的時候，他的父親告誡他：「你要做什麼都可以，只有三件事不能做：第一不吸毒，第二不賭博，第三不混幫派。」成長過程當中有什麼新事物的確都需要親身體驗，但吸毒會傷害身心的健康，賭博會容易使人沉迷，而混幫派打架傷人，就得亡命天涯，現在成龍是世界知名的電影武打明星，形象也一直維持得很好，而你要給孩子們什麼樣的成長過程呢？

## 現在不放手，將來累得攤手

我有個學生的媽媽，她有兩個兒子，一個唸台北市成功高中，一個唸建國中學，大家都稱讚並且羨慕她把兩個兒子教得真好，但她每天憂心忡忡，一下要幫兒子處理這個問題，一下要幫兒子處理那個問題，連兒子出國遊學的行李整理好了沒都要擔心。教出人人稱羨的孩子，但她一點也不快樂，原因何在？兩個孩子都是未來社會的菁英，還要擔心什麼呢？

當她向我諮詢的時候，我的建議是：「放手。」孩子已經高中了，他們不但有自己的思想，也需要開始自己面對人生的問題，如果

小小的遊學所遇到的問題都不能自己尋求解決問題的最佳方法，那又該如何面對人生其他更複雜、更麻煩的問題呢？我們的社會不是一直提倡「全人教育」嗎？

現在的社會一直告訴我們要有多元技能和專長，求職路上才能更順利，那麼我們的家長和老師們，是否也可以以此為目標，養成孩子的人格發展，讓孩子具備自我求生的能力呢？「給他魚，不如教他釣魚。」這是一句自古以來的至理名言，與其我們每天擔心這個擔心那個，還不如引導孩子自己解決問題。

很多時候我們都可以採取機會教育的方式，引導孩子發展解決問題的能力，他們在遇到人生的選擇題時，我們可以和他討論，而不要只是一味的用我們的價值觀來強加在孩子的身上，當他們面臨社團活動的抉擇，當他們面臨學校科系的選擇，當他們面臨到底該買 PSP 或是買衣服的選擇，他們都必須明白，很多事情只有一次的機會，他們只能在當下做出決定並且承擔自己選擇的後果。

也許有的家長會說，孩子還那麼小，怎麼能自己做選擇呢？是的，如果您的孩子還在讀幼稚園的年紀，或者還在唸小學，適當的管制是有助於他們的健康成長的，但是如果只是跟他們說「不」，他們

就沒有選擇的權利，漸漸的，他們就不自己做決定，漸漸的，他們就喪失自己做決定的能力。

小時候我的母親也是使用傳統教育方式，因為還小，不知道自己做決定的可貴，但到了國中、高中的時候，我開始模仿成人的世界、思考模式和處事方法，經過幾次的溝通與「革命」，才有了自己做決定的機會，同時我的弟弟妹妹們也趁機顛覆傳統。

比較起來我最小的妹妹待人處事就靈活許多，因為她很早就開始「自己做決定」，遇到各種問題她會自己思考，即使後來遇到一些情況是她做了「錯誤」的選擇而造成，但她可以自己承擔這些責任，也不會認為是「別人」替她做的決定而抱怨。

幫孩子做決定很難，放手更難，當父母的要適時的放手，讓孩子面對自己的未來，父母和老師要努力做到只在旁邊觀察，在孩子需要的時候給他們建議，因為未來的路很長，他們還要自己面對各種人生的難題，除了看著他們，誰也沒辦法保證替他們做好的決定一定是對的，是對是錯還要他們親自走一遭才能知道，要預防孩子變成「尼特族」，就要讓他們在未來擁有自己生存的能力，而不需要別人一直攙扶著過一輩子。現在不放手，小心以後勞心勞力累到攤手。

# Chapter 3

## 哭哭，為什麼
## 沒有自信

根據調查，沒有自信的孩子，有四成都是媽寶。而如何避免養出媽寶孩子，最好的方法，除了給孩子安全感之外，還有一個最重要的，就是給孩子自信心。

　　有自信的孩子不害怕困難與挫折，能夠欣賞別人和自己不同的特長；有自信的孩子，肯定自我的能力，不擔心別人的評價，不會為了獲得肯定，盲從流行、或犧牲自己的權利，也擁有良好的人際關係。

　　有一句教育名言是這樣說的：要讓每個孩子都抬起頭來走路。而所謂的「抬起頭」意味著一個人對自己、對未來、對所要做的事情都充滿信心。因為當一個人，能夠抬頭挺胸、大步前進的時候，心裡一定是信心滿滿的覺得「我是最棒的！」、「我一定能做到！」、「我可以的！」……假如你的孩子能有這樣的心態，肯定能不斷地進步，表現一定能出眾。

　　如果總是將教養孩子的重點放在導正缺點，不斷提醒孩子：「不可以這樣」、「你要再努力一點」；又或者戴著「比較」的眼鏡，總是對孩子說「你怎麼不像某某某那樣」、「如果你能像某某一樣聽話就好了」……這樣的負面語言，將使孩子永遠聚焦在自己的「不足」、「不夠好」，讓孩子感到挫折洩氣，最後喪失自信，乾脆不再相信自己！

　　現在就開始停止負面評語，培養孩子自尊而非自戀，多給孩子讚美而非批評，將有助孩子的自我肯定。

# 11 孩子總被否定， 缺少讚美

　　據《文化一周——大學生自信心調查》的一份報告顯示，大學生的自信程度平均只有 5.46，調查問卷列出十題關於自信心的問題，答「是」者得一分，答「否」則為零分，有意思的是，接受調查的九所大學中，最沒有自信心的竟是一般人心目中的名校——台灣大學的學生。這項問卷或許不夠普遍與專業，但某種程度也反應出這一代孩子的自信心不足，成績好的孩子，不見得就有自信。

## Story 教養小故事

　　在公園的遊樂場中，三歲的強強第一次玩溜滑梯，他害怕地緊抓著媽媽的手，不敢往下溜，媽媽說：「不要怕啦，這麼低的溜滑梯，膽小鬼才會怕！」但是強強還是不敢溜。

　　強強從小就是個沒有自信的孩子，不管做什麼事情，都畏畏縮縮地，問他什麼，他都回答「隨便」或是「沒意

見！」強強的爸媽很擔心他這樣的個性，長大以後在生活或人際上會發生問題，便忍不住常常叨念強強：「你怎麼那麼膽小？勇敢一點！」、「不要拖拖拉拉的，要果決一點啊！」可是情況似乎沒有改善，反而越來越嚴重……

## 孩子從父母的眼光「照見」自我

從幼兒心智發展來說，一歲以後的孩子逐漸建立起自我概念，他們可以從鏡子中和照片中認出自己來，知道自己的樣子；接下來，才是發展更複雜的心理層面——「我是誰」。社會學家常以「照鏡子」理論說明一個人自我概念的形成：真實的鏡子，可以照見自己的樣子，但關於「我可愛嗎？」、「我聰明嗎？」……等性格特質，則要依賴所謂「社會鏡子」，就是從其他人的眼光來「照見」自己，而爸爸媽媽如何看待孩子，往往也是每個孩子看待自己的方法。

對孩子來說，正向的自我形象，是建立未來自信、自尊的基礎，而這樣的基礎來自於爸媽的愛，完全的、沒有條件的愛，能讓孩子打從內心深處，相信自己是重要的、是有價值的。

## ♥ 不經意的辱罵，會使大腦發育受創

傳統的教養方式，讓現在的父母較習慣在態度、言語上用否定、負面的方式來教育孩子，比方對孩子說：「你怎麼這麼懶惰」、「你怎麼做出這麼丟臉的事」、「你越來越不聽話了」；或是用指導性、警告性的態度，以「我吃過的鹽比你吃過的米還多」的心態，來要求孩子不要多想，照爸媽說的做就好了。

當孩子達不到我們的要求時，如果不能就事論事，生氣時脫口而出的負面語言，往往會對正在形塑自我的孩子，造成難以磨滅的傷害。比方說：罵孩子笨、沒用，全面否定孩子的人格；或是牢記孩子犯過的所有錯誤，每當孩子犯錯時，不針對這次的事件和孩子好好討論，反而秋後總算帳，逐一數算孩子曾犯過的錯，總結說：「你每次都這樣」，這種不斷翻舊帳的責備法，會讓孩子心中很委曲，覺得「一失足成千古恨」，只要錯過一次，就再也沒辦法翻身，產生「反

正我就是這麼不好！」的想法，因而自暴自棄，親子之間的隔閡也越來越大。

最近，美國哈佛醫學院的一項研究指出：大人不經意的辱罵或負面語言，會導致兒童大腦發育受創，使孩子產生憂鬱、焦慮及語言表達障礙。而當孩子長期處於這樣的環境中時，為了自保，腦部會降低對這些言語暴力的敏感度，進而抑制了感官系統的發展。

## 💙 負面預言，讓孩子失去自信

更慘的是，父母替孩子貼上的種種負面標籤，往往形成一種「負面預言」，影響孩子的發展——聽話照做的孩子，從小沒有機會和空間學著自己決定、自己判斷，若是人生平順的話也還好，若是碰到人生的挫折，往往不知如何是好；比較有獨立性的孩子，照著自己所想的方式做事，一旦成功了父母不見得會肯定，但只要失敗或遭遇挫折，往往會得到「早就告訴過你了，誰叫你不聽！」這種看笑話的冷言冷語。

這使得孩子漸漸失去嘗試的勇氣，喪失對自己的信心，越來越需

要由別人來肯定自己，而肯定自己的對象，從小時候的父母、求學時的老師、朋友、戀愛時的情人，以至於工作時的上司、老闆……。不斷焦慮地等著別人來肯定自己，卻不一定等得到，讓他對自己的能力產生懷疑，甚至覺得自己一無是處，甚至可能因而引發心理疾病，像是憂鬱症、焦慮症、暴食症、厭食症……等。

## 無條件的愛，建立親子「好關係」

現任林口長庚醫院兒童心智科主任，同時也是兩個孩子的母親的吳佑佑醫師，曾語重心長地表示：「門診中，常有爸媽說自己的孩子沒有自信、自尊心很低、不懂得尊重自己。我就會反問爸媽：自信心是自己相信自己，你都不相信他，他怎麼相信自己？自尊也是自己尊重自己，可是當爸媽一天到晚都不尊重他，孩子要怎麼學會尊重自己？」

吳醫師認為，親子衝突是一定會有的，能不能化解，關鍵則在於關係的好壞，原本親子關係好的家庭，就比較有機會化解親子間的衝突。每個人的生命中都有各種重要關係，例如：和父母、先生、子女、手足、同事……等的關係，而通常每個人最在乎的，是和子女

的親子關係。根據吳醫師的門診經驗，常常能看到許多把「最在乎的關係」處理得很糟糕的家長，他們雖然也很想把關係弄好，但可能是技巧太差，或是有看不清的盲點存在，實在令人替他們感到著急和難過。

那麼，該怎麼建立良好的親子互動和關係呢？「愛」是很重要的條件，當然全天下沒有不愛孩子的父母，但是，你是否想過這個問題：「你的愛，是希望孩子照你說的方式來過日子，還是，你能接受孩子是個獨立的個體？」許多爸媽往往期待塑造孩子「成為自己想要的樣子」，但是這樣的期待，會讓孩子在成長過程中，做不到爸媽的要求時，就覺得自己「不夠好」，進而造成自信心低落。

## 放下期待，讚美孩子的好

「放下對孩子的期待，不要強求孩子成為你想要的樣子」雖然困難，卻是你必需要做的功課，因為唯有如此，孩子才能真正活得有自信，展現出自己獨特的好。然而，不強求，不代表要爸媽什麼都不管，對孩子完全沒有要求，爸媽還是要透過正面讚美，來稱許孩子做得對的行為，引導孩子往好的方向去發展。

「稱讚孩子要打從心裡地讚美，而且要讚美得對！」吳醫師以自己的女兒為例，不太擅長運動的二女兒，小時候參加足球隊，總是很努力追著球跑，雖然從來不曾踢到球，但球隊的教練仍然會讚美她：「跑得好！」不責備孩子不會舉腳踢球，只讚許孩子追球的努力。這位教練替爸爸媽媽做了很好的示範——讚美孩子應該要肯定他做到的努力，而不是孩子明明踢得不好，你還假裝讚美他「踢得好」。

　　事實上，吳醫師和她的先生都是運動能力很強的人，對於這樣「不像自己」的孩子，吳醫師坦然接受她的獨立性和個別化：「接受她是一個獨立的個體，雖然她跟我這方面不一樣，卻有優於我的地方。不是每個孩子都能十項全能，爸媽的如實接納，能幫助孩子不會因為這部分的能力不好，而使自我價值觀變得很低，因為他相信自己還是有做得不錯的地方。」

　　吳醫師得意地告訴我，自己的孩子可是社區裡最受歡迎的孩子，她有自信，不害羞，看到人會微笑打招呼。她的孩子能夠表現地落落大方，正是因為家庭的教養，讓孩子「從小覺得自己很棒！」雖然功課不理想，運動細胞也不發達，但是由於爸媽接受她某些能力的不足，不斷肯定孩子的努力，孩子依舊會充滿自信！

　　自信是自我價值的綜合體現，相信自己是個「有能力、有價值的人」。自信除了是孩子先天的氣質展現，更要靠後天教養來培養，當你將孩子視為獨立的個體，放下期待，如實接納孩子的努力，讓孩子感受到「無論成功或失敗，爸媽的愛都不會改變」時，孩子自然就能肯定自己的價值，對自己充滿信心！

# 12 大人很愛說「不可以！」

當生活中有這種狀況的時候，當大人的可能也要思考自己是否對孩子管制太多了，是否可以適當的給予某種程度的「允許」。如果孩子問你什麼事情，你總是給他負面的答案，那麼有朝一日，換成你問他什麼事情的時候，他可能也會回答你：「不可以！」

## Story 教養小故事

「星期六我想和同學去看電影，可以嗎？」「不可以！再兩個星期就要段考，複習完了嗎？」

「考完試那天可以和同學去逛街嗎？」「不可以！你以為考完試就不用看書啦？」

「學期末結業式那天，同學約去河邊烤肉，可以嗎？」「不可以！你要先寫寒假作業！」

不可以！不可以！不可以！孩子不禁在心中吶喊：「為什麼我想做什麼都不可以？」

# 要說不可以之前，先問為什麼

孩子有時候會表現得活潑好動，沒有辦法專心聽課，所以成績老是考不好，家長一定十分的擔心，對於孩子所提出的各種要求，像是購買各種新奇玩具，或者打電動，和同學相約外出玩耍等等，一律都禁止，而這個時候，爸媽習慣了說「不」，緊接著，當孩子以後又提出了其他的要求，爸媽也一樣用「不可以」回答。

我們可以稍微想想看，我們在日常生活中，是不是常常對著孩子說：「不可以！」遇到這種情況的爸媽們，首先一定要先讓自己心平氣和，我們可能會因為孩子不聽話而生氣，或者在眾人的面前，是否也可能因為面子問題，覺得孩子的表現不適當，感到丟臉，尤其是學歷愈高的家長，通常在小時候都是大家眼中的「乖學生」、「好孩子」，以致於爸媽無法體會和理解孩子為什麼沒有辦法好好聽話的心態。

其實孩子的行為通常反應了某一種訊息，像有時候孩子所謂不乖的行為，例如：孩子上課不專心，老師可能會向爸媽「告狀」，以往是「好學生」形象的家長就對孩子大發雷霆，質問孩子：「為什麼不能好好專心上課？」孩子知道是因為老師把上課狀況寫聯絡簿上向

家長反映後，孩子就會覺得：「老師真討厭！為什麼要向爸爸媽媽告狀？」這樣一來，反而斷送了老師和家長合作管教孩子的機會了。

這時候老師反映學生上課的情形是他們的責任，但也有家長在接到學校老師反映學生上課不專心時，直覺式的認為是課程太無聊，學生容易分心，這樣的想法也太過偏頗，那麼這個時候應該要採取什麼樣的行動才能促使孩子在上課時能夠專心聽課呢？如果孩子活潑好動、上課容易分心和別的同學講話，或者自己在座位上玩鉛筆、橡皮擦，或者把玩小玩具等等，先試著和孩子溝通上課不能專心的原因。

我們的理智上都知道，孩子還小，他們沒有辦法描述他們心理真正的想法，他們還無法自己分析為什麼他們無法乖巧的在教室裡上課的原因，正是因為如此，我們才會急得發火，老師急著要趕上課程進度而無法專心一意的陪孩子聊天，家長也因為平常已經忙於工作，回到家又有家事要忙，無法靜下心來傾聽孩子想要說的話，但唯有我們找到孩子無法專心上課的原因，我們才有辦法替他們解決問題。

因為孩子自己無法說明，所以我們的引導方式就不能讓他們自己說，就算他說出個原因或理由，我們從字面上的意思看來還是無法了解他最後想要表達的事情，這時候我們要學會「問問題」，問了對

的問題，孩子才會回答對的答案，當然，對於比較大的孩子，例如國中或高中生，他們已經開始有自己的想法，有時候他們是有「秘密」的，那麼我們還要針對孩子的答案加以分析，他們可能給的是完全反面的答案。

通常我們在指導孩子的行為時，所抱持的心態絕對是站在孩子的立場上著想的，但孩子還小，他們還沒有辦法站在父母的立場想，以他們所知有限的狀況下，怎麼可能揣摩父母親的想法？請回想一下，你在當小孩的時候，說不定也不見得是個父母眼中的乖小孩，那麼，你就能理解要求自己的孩子和你所期待的一樣乖巧，是強人所難了。

## 用心看！不要插手管

日本在 2008 年播出了一齣電視劇《怪獸家長》，台灣有線電視也跟著在 2009 年 5 月播出，其實「怪獸家長」的現象最早可以追溯至 1990 年代美國的「直升機家長」。「直升機家長」指的是，家長如同直升機在高空盤旋，孩子一有需要就馬上衝下來；「怪獸家長」則指經常向老師抗議、抱怨，刁蠻不講理，處處干涉學校作為的父母。

根據國外的觀察，這種現象和教師從業泡沫化有關，因為教師從業人口供過於求，使得社會大眾對教師一職的敬意降低，父母親所表現出來的態度連帶影響孩子對於老師的態度，再加上父母過度保護子女，逐漸演化成這樣的現象，目前美國這群受直升機父母所保護的子女已經長大，但是父母仍然干涉子女的所有行為，甚至連求職的時候都陪同子女一起進行，也在應徵時替子女回答大部份的問題，美國的企業不禁感到震撼，並且感嘆：「我們現在才正要面對這樣的情況。」

日本的怪獸家長更是變本加厲，對於自己的小孩「珍視」的程度令人咋舌，如果孩子在學校受到什麼委屈，立刻撥電話給老師，不管是抱怨、訴苦、建議等等，搞得日本的老師一遇到這樣的家長疲於應付，甚至有老師因此壓力過大而自殺，這樣的現象也導致老師必須時時刻刻對於特定學生的狀況戰戰兢兢，同時也使老師無法專心於教學工作上，連帶影響其他學生的學習權利，日本教育部為了協助校方處理「怪獸家長」的問題，設立了專門的機構，為老師及學生家長居中協調。

這些家長養育下的孩子，不免令我想到1999年英國首創的名詞「NEET」，即 Not in Education、Employment or Training 的縮寫，就是

說不受教育，也不在職，又不接受任何訓練的人，五年後，日本也發現了日本年輕人具有類似的趨勢，一份日本內閣政府「關於青少年之就業研究會」發表相關研究報告，表示 NEET（尼特）族甚至連失業者的邊都沾不上。

看看美國的「直升機家長」、英日研究的 NEET 族，以及日本電視劇《怪獸家長》的產生，再對照台灣社會形態與日本的社會趨勢相關程度，過不久台灣也將有一群不工作、不進修的人，同時也將成為整個社會巨大的包袱。

這個狀況的提早因應是，在孩子還小的時候逐步訓練及引導他們具備面對人生的積極態度，這不只是要求孩子功課好而已，同時需要他們能養成對自己負責的性格，也需要他們能自我學習，而不是事事都要父母親來替他解決。

我相信台灣的老師們必然有人面臨和我一樣的情況，只是程度可能有大小之分，孩子的教育需要父母親和老師一起合作，請你好好思考，我們是要將孩子教育成一個品格完整的人，還是要把他教成一個什麼都需要父母親呵護和社會照顧的人呢？

## 肯定的回答比否定有效

　　人的大腦十分有趣，對於「不要如何如何」的訊息接受度很低，但是對於「要如何如何」的接受度卻很高，從前心理學教授曾經說明過這個現象，我當時覺得沒什麼，但後來發現，人們的行為的確反應出這樣的狀態。

　　當你告訴孩子「捷運月台上不可隨意奔跑，以免發生危險。」結果偏偏還是一堆小孩喜歡在捷運月台奔跑，問他知不知道這個規定？他會點頭說知道，再問他為什麼要在捷運月台奔跑，他的回答就可能有很多種，都和這個規定沾不上邊，也和他搭乘捷運這件事沒有關聯，原來他聽了「不要在捷運月台上奔跑」這句話，腦子裡卻只對「在捷運月台上奔跑」這幾個字有印象。

　　和孩子們溝通也是這麼回事，記得曾經看過一個故事，有個女兒一直發現和母親無法好好說話，即使是長大後仍然如此，作者在聽完這位女兒的說明以及日常生活的錄音帶後發現，由於媽媽一直告訴他：「不要穿這件衣服。」「不要洗碗，先買菜。」「不要吃外面的東西，不健康。」「不要看這個節目。」

「不要……」原來從小到大，媽媽在和女兒說話的時候，所有的一切都是用「否定句」敘述，因為人有自我保護的本能，對於不斷否定自己的人和說法自然會產生厭惡和迴避的心理，在長久的互動之下慢慢的，女兒看到媽媽的時候就會自然產生一種防衛機制，自然說不了三句話便開始不自覺的怒火中燒，就算明明知道媽媽是好意提醒，心裡卻一點也不會產生感激的情緒，這對於雙方來說都是非常痛苦的。

坊間的勵志叢書會告訴你「不要」做什麼事嗎？其實是很少的，但是這些書的描述一定都會提到「要」做什麼，正面與反面的說法儘管字面上意義相同，但是對於每個人的接受度來說，正面說法的效果永遠大於反面說法，人們也比較容易記得正面說法，所謂的「引導」也是這麼回事，用「正面」的說法和詢問「為什麼」永遠優於用負面的方式溝通。

當孩子在生活上，在學習的過程中，出現你可能不是很希望他這麼做的情況，請切記，練習用他們的思維和立場來思考，蹲下來從他們的角度看這個世界，請記得你也曾經有過「小時候」，請接受他們在這個和你小時候完全不同的世界，所以可能會有完全不同的價值觀。

請用孩子可以聽得懂的語言說話，請用正面的提醒和建議的口吻和孩子討論。改變溝通的方式不僅對孩子有用，就算是和其他家人和朋友之間的互動也會獲得改善，可以從現在開始，對每個孩子（甚至是你的另一半）建議和提醒時，用「可以」和「要」的關鍵字，至於「不要」、「不行」這些字眼，暫時放到抽屜裡收起來吧！

## ♥ 如果你說謊，其實孩子都知道

現在的孩子們真的很聰明，只是當你講的不全然是真實的時候，他們也不會當著你的面去戳破你的謊言，他們只會假裝聽著，然後在心裡盤算著：「又講了一堆五四三……」然後長時間下來，有的被印證是謊言，有的還模糊不清，但是他們就漸漸失去信任，開始質疑大人們所講的每一句話。

我有個大學同學在教書，這還是透過我在補習班所教的學生才知道的，當我提及以前大學生活時，他立刻蹦出一句話：「我們學校國文老師講的不一樣耶！」因為我的同學大概為了教學上的「娛樂」效果，誇張了某個部份的敘述，而學生卻立刻想要證明到底誰講的才是對的，這對我來說真是兩難，因為我的實情已經說出口了，當下我只

好無奈地說：「不然你去 google 一下好了。」

　　還有一次，在課程中為了加強學生對老師講課的專注，我告訴他必須勇於提問，因為老師在他的科目上一定是很擅長的，才會教那個科目，他不見得能了解為什麼他講的很清楚而學生聽不懂，學生立刻問了一個問題：「是不是有的老師會為了加強我們的信心，就說他以前功課也不好？」這就是對老師教學上的質疑，他們也會覺得即使是為了鼓勵他們，老師們還是不應該說謊或隱瞞他們真相。

　　孩子會問的問題千千百百種，當我覺得不好回答的時候，我會直接告訴他們：「現在的你還不適合知道這件事。」我有些學生很有趣，他們知道補習班一定會付薪水給老師們，老是喜歡問我的薪水有多少，我都會照實回答：「光是靠你們付的薪水我還沒辦法生活啦！」這是實情，但也讓他們開始討論起一個人一個月的生活費大概要多少，他們也開始衡量起自己一個月的花費，雖然是個小小的開始，也可以利用這個機會讓他們了解父母親在他們身上實值的花費。

　　還有些學生，生活沒有目標，雖然聽父母師長的話乖乖地唸書，卻對於未來一片茫然，爸爸要他唸的是醫科，未來當醫生，跟他說好好唸書才有前途，國中老師說：「考上高中就輕鬆了。」但上了高中

之後，換高中老師跟他說：「考上大學就輕鬆了。」我說：「大學之後你可能還要考慮要不要考研究所、證照或高普考呢！」他開始覺得怎麼一輩子都在考試，到底要考到什麼時候？

我知道我們都是為了孩子好，不好好讀書怎麼能上好的大學，沒有上好的大學怎麼能應徵到好的工作呢？但是別忘了，所謂「好」的工作是什麼？「錢多事少離家近，位高權重責任輕。每天睡到自然醒，薪水領到手抽筋。逢年過節要獎金，別人做事我加薪。喝茶看報好開心，副業兼差薪照領。秘書美麗屬下拼，有過你扛功我領。」這是一句順口溜，道盡每個上班族心中最美的渴望，但回到現實生活時，我們都知道，就像「書中自有黃金屋，書中自有顏如玉」一樣，這不過是個美麗的童話。

有個朋友的口頭禪是「騙人的！」每次他在看電視、新聞、電影時這句話都會脫口而出，我經常懷疑他是不是長期受到「謊言」的欺騙，所以在那些虛構的情節一發生時，就反射式的表現出懷疑的態度。有趣的是，他自己也常常講一些「不完全真實」的話，尤其是面對陌生人時，那成為一種保護自己的手段，每每都要清楚的抽絲剝繭，才能判斷他所描述的事實。這位朋友所表現的不一定是幼時經驗的影響，但生活中某些經驗的確有可能造成這樣的結果。

　　孩子們總是會長大，孩子們也馬上就會知道真相是什麼，光是靠限制和規定有時候不能說服孩子們一定要照著規定做，他們總是需要了解背後的原因，尤其當他們開始會問「為什麼」的時候，那代表他們開始懂得思考，當他星期假日想和朋友出門，而你說不行的時候，他開始會問「為什麼？」請告訴他你限制他出門的原因。

　　當學生上學服儀不及格的時候，請老師告訴他規定為什麼要這樣定，光是告訴學生這樣比較整齊或是好看這種主觀認定的事情，絕對沒辦法讓學生們相信這是一件好事的，至少他們自己覺得那樣比較好看。

　　很多時候，我們為了孩子好，總是給了很多「白色謊言」，有些是必要的，有些則是多餘的，老師和家長在某些時候必須讓孩子明白多一點的現實，「真相永遠只有一個」，這不僅是漫畫裡的對白，也是這個世界唯一的真相，真理愈辯愈明，謊話卻愈說愈要更多的謊言來填補漏洞，只有直接說明白了，才不會讓孩子們感到遭受欺騙，孩子也才會信任父母和老師給他的任何訊息。

## 大人講的也沒有一定對的啦！

我常說，大人長大之後老是忘了自己曾經是小孩，回想一下，當你還是小孩的時候，你的爸媽也常用相同的方法對待你，原來你從小到大成長的家庭環境，給你的影響是這麼的深遠，想想看，你的爸媽是不是在你犯錯的時候老是說：「你不准……」「你給我………」「沒有為什麼……」等等諸如此類的「教訓」。

可是，在我們那個年代，步調比較慢一些，至少沒有現在這麼快；變化小一些，至少沒有現在這麼像在坐雲霄飛車一樣起起伏伏，更何況，我們還小的時候，就會感覺到大人們講的話就有一點點不是那麼正確，現在的環境變化太快，快得難以適應，那麼你怎麼能以為我們這個年代的認知就一定是對的呢？

就像小時候大人總是教我們做人要誠實，但是事實上，不是每件事都要誠實以對，你對人家坦誠相對，人家不見得對你掏心掏肺，那麼我們又怎麼能說大人講的都是對的，耍心機這種事，幼稚園、小學就在發生了，不用等到長大，立刻發現娘親說的話老是不太對，因為這個時代的價值觀已經變了，以前的四維八德忠孝節義到現在不見得有用，守著傳統價值觀只會讓人覺得食古不化。

　　還有，你可能以為「君子一言，駟馬難追」，可是，從小到大，這種事常常得到反面印證，大人和大人之間的約定都不一定成立了，大人對小孩說的話也不一定會兌現，過年的時候，壓歲錢老是被媽媽拿去，說是要幫你存起來，結果存到哪裡去了呢？雖然大人也會說是拿來貼補家用等等的藉口，但不如一開始就說清楚、講明白，孩子也才不會有被欺騙的感覺，最後搞得好像不信任父母親一樣。

　　老師又何嘗不是呢？在上課的時候偶然承諾某天要辦個同樂會等等，結果左等右等等了一個學期，學生在學期末的時候終於等不到同樂會而放假去了，下次老師又做了什麼承諾，學生還會相信嗎？所有的不信任都是因此而起，所有的信任在此瓦解。

　　有個有趣的現象是，北一女學生會爭取取消學生髮禁持續好幾年，在我高中畢業前夕，學校換了校長，取消執行九十幾年的髮禁，結果學妹們有特別的表現嗎？沒有，大部份的人還是維持長髮留到肩線以上，甚至取消髮禁以後，把頭髮削短的人數變多了，有沒有髮禁對學生服儀來說一點影響也沒有，但學生反而覺得校風開放許多，而津津樂道著呢！

　　很多人，包含我的朋友們，在知道我和學生溝通的方式後都說：

「你和學生講話都很實際。」是的，因為我不想騙他們，我希望我對他們講出來的每一句話都是真相，都是真實情況，也因為現在的孩子們都太聰明，他們要知道任何事情都可以透過現在的大人們想像不到的管道而了解，所以欺騙他們事小，養成不信任的習慣可能演變成他們會對你所講的話都存疑，甚至是不再相信。

# 13 教養態度搖擺不定

談到家規，不知道你的感覺是什麼？你們家有家規嗎？比方說：每天可以看多久的電視、不可以打人、什麼時候可以買玩具……，如果有的話，你的孩子清楚你們家的家規嗎？這樣的規定對所有的家人、時間和地點都一律適用嗎？

## Story 教養小故事

四歲的小姿是家族中的心肝寶貝，爸爸、媽媽、爺爺、奶奶、外公、外婆都十分疼愛她。小姿的爸媽聽人家說：「愛再多的孩子，也不怕疼壞了。」但小姿的爸媽最近發現一件很頭疼的事，每當小姿想要什麼玩具時，他們不答應她的話，她就向爺爺、奶奶或外公、外婆撒嬌，還對朋友誇口說：「要玩具一點也不難，只要哭就會得到喔！」長輩教養的態度和規則和他們夫妻兩人的不一致，很讓他們傷腦筋……

## 身教重於家規

對孩子來說，家規其實就像是玩遊戲的遊戲規則。想像你參加一個沒有明確規則的遊戲，然後動輒得咎，弄不清楚什麼時候會被裁判吹哨「嗶！犯規！」這樣的遊戲，怎麼玩得起來呢？你又怎麼能夠從中獲得玩遊戲的快樂，和得分的成就感呢！

爸媽和孩子不是競爭的對手，而是同一隊的隊友。你們一起和生活競賽，一起克服生活的挑戰，協助彼此能夠在每一天的生活中，獲得歸屬感、成就感與最多的快樂、滿足。在這樣的前提下，爸媽身為「資深」的生活家，自然有義務告訴生活小菜鳥，一些適當的遊戲規則。

我們曾談到家規不要太多，但是一旦定下了就要徹底執行，因為再也沒有比朝令夕改的規定，更叫孩子弄不清楚狀況的了，同時，知道為什麼要守規矩、該怎麼守規矩的孩子，也會活得比較快樂自在。

希望獲得爸媽的肯定，是每個孩子的心願，清楚的、一致性的家規，可以幫助孩子了解爸媽對自己行為的期待，讓他更容易有規則可

循、肯定自己的能力，獲得自信心。有些父母在管教孩子時，常常依時間、地點或是情境的不同，對孩子同樣的行為有不同的管教方式，使得孩子無所適從，不知道爸媽的標準到底是什麼。孩子的無所適從，也很有可能逐漸演變成「鑽漏洞」的僥倖心理，損害親子間的信任感，徒增親子互動的衝突。

雖然不少父母都會訂立家規，明確的家規也能夠給孩子一個依循的標準和秩序感，然而，在這邊要提醒各位，「身教重於言教，要做給孩子看，而不是只講給孩子聽。」比方說，「不可以打人」如果是家規中的一項，偏偏你家的孩子個性就是比較急，容易生氣抓狂，不是抓自己頭髮，就是忍不住要打人，甚至是打你。那麼，提供你一個長庚醫院兒童心智科吳佑佑醫師的小撇步，你可以用手穩住孩子，不斷跟他說：「你可以生氣，但是你不可以打人。」更重要的是，自己絕對不能動手打回去。

如果爸媽不斷跟孩子說：「不可以打人。」可是孩子犯錯的時候，大人就打他，那孩子自然會認為：「為什麼別人犯錯時，我不能打他呢？」尤其對小小孩來說，他接受的訊息可能是：「你生氣了，你打我；我生氣的時候，也可以去打別人。」或是「你比我大，所以你可以打我；等我長大，就可以打比我小的人。」

如果家庭中的家規是「不可以罵不好聽的話」，那麼你也要以身作則，不論再怎麼生氣，都不可以口出惡言。有些大人一旦坐在方向盤前，脾氣就上來，一下子罵前面的車子：「笨蛋，會不會開車？」一下子又罵旁邊的路人：「有沒有長眼睛啊，不會看路啊？」那麼，不管平時你怎麼苦口婆心地教導孩子，不可以罵人，也是白費工夫。

孩子的模仿力是很驚人的，想要孩子成為什麼樣的人，爸媽就要以身作則，成為孩子的好榜樣，引導孩子的正向行為，千萬別說歸說，做歸做喔！

## 教養策略，要不分場合都一致

在前面吳醫師也從自己個人教養的經驗，提醒各位「少和孩子說No，但如果說了就一定要做到。」

其實，隨著孩子年齡的增長，你可以慢慢讓孩子參與家規制訂的討論，如此不但可以讓孩子有機會練習選擇與信守承諾，親自參與討論過程的規則，孩子也會更樂意遵守。更重要的是，透過討論，孩子其實也能夠學著思考，自己該怎麼做、或是大家應該怎麼做，才能讓

同在一起生活的一家人，過得更好，更幸福！

很多規則在訂下之前，都是可以商量、討論的，就像吳醫師所提醒的，不要先搬出「No！」來擋住孩子的需求，然後在孩子的哀求下，覺得好像也沒那麼嚴重，就讓步，讓自己的話輕易打折扣，損害你在孩子心中的「信用」程度。比方說，最後的結果同樣是讓孩子在飯前喝了半杯西瓜汁，「先說了 No，再打折扣」；和「先和孩子討論怎麼辦，最後商量只喝半杯」，孩子的感受和心情，是全然不同的。

還有，最常發生規則的不一致，往往是在外出的時候。有些孩子平常很守規矩，結果出了門，簡直判若兩人，動不動就情緒失控。如果你家裡的孩子，也有這樣的傾向，那麼就應該事先分析一下，比方說：孩子都是在什麼時間點失控的呢？如果差不多都發生在肚子餓了、想睡了的狀態下，下次出門前，記得要避開這樣的時間點。

接下來，衡量自己在外面的時候，會不會因為怕丟臉、怕孩子失控，就「放寬」一些標準了呢？爸媽一定要放下自己的面子問題，把教養孩子的一致性擺在最前面，同時也讓孩子了解規則就是規則，不會因為場合不同就產生改變，慢慢地，孩子理解以後，就不會繼續探

測規則的可信程度囉！

##  和其他照顧者建立教養共識

現代孩子的教養，往往是在爸媽、祖父母、保姆的共同努力之下完成的，爸爸媽媽與其他的照顧者最好能針對主要的管教原則，建立共同的規範，讓孩子有一致的規則可以依循，比方說「不可以打人」（當然大人也要示範不打小孩）。一致性的教養態度，能幫助孩子更有自信地成長。想像一下，小小孩在爸媽與其他教養者的照顧之下過日子，一下子要遵守爸媽的規則，一下子要聽阿公阿媽的話，實在是很辛苦。

就算照顧者彼此之間的意見不同，也不要在孩子面前爭執、起內鬨，讓孩子不知道到底要聽誰的才好，或者適時選擇對自己有利的規則，比方說，爸媽說不可以看電視，但是到阿公阿媽家就可以看電視……。

討論這樣的話題時，大家不要忘了共同的前提，都是「疼愛孩子、為孩子好」，盡量用委婉的說法來說明自己的看法，千萬不要一

時意氣用事，一定要和對方拼個輸贏來，相信很多討論都能在各退一步的情況下，有很好的成果。

一般說來，和長輩討論難度會比較高，至於保姆，建議各位爸媽在挑選保姆時，就要留意對方是否和自己有相同的教養理念，這樣將來在討論孩子的教養問題時，也更容易調到相同的頻道上喔！

至於，爸爸媽媽自己也要特別留意，別在孩子面前爭吵，或是針對孩子的教養方式拼輸贏！因為不論誰勝誰負，孩子都是最大的輸家。孩子很可能會將爸媽的爭吵，理解為「都是我不好！」；或是在爭吵的父母之間，被迫選邊站，不論是西瓜偎大邊、或是同情弱者，讓孩子原本對父母那份純粹無雜質的愛意，產生糾葛與質變。不論是哪一種結果，都會影響孩子對這個家的歸屬感，磨損孩子的安全感，造成自信心低落的不良後果！

# 14 比較，很傷孩子的心

　　如果有個排行榜，列出爸媽說過最讓我們傷心的話，「比較型」句法的言語，很有可能會獨占鰲頭，因為「比較，真的很傷人」。「比較句法」常常伴隨負面語言出現，讓孩子感受到「自己不夠好」，造成自信心的低落，對親子之間的關係，更有嚴重的影響。

## Story 教養小故事

　　玲玲的媽媽，是個忙碌的職業婦女，職場的激烈競爭，讓她更加擔心孩子的未來。為了激勵孩子加倍努力，她常常對玲玲說：「妳讀的安親班，考滿分的人那麼多，妳怎麼才考這樣？」、「隔壁家的小芳，看到我都會打招呼，哪像妳一樣？」……

　　有一天，玲玲生氣地回話了：「王媽媽每天陪小芳上下學，為什麼妳從來都沒空陪我一下？」

## 比較，讓孩子永遠看到自己的不足

　　《孟子》中有一句慷慨激昂的話：「舜何人也，予何人也，有為者亦若是！」意思是說，舜也是人，我也是人，他能做到的事情，我當然也能做到！這樣的句子用來自我勉勵，還蠻不錯的；但如果為人父母想要用這樣的邏輯，來激勵孩子，比方說：「隔壁家的明明，三歲就會念ㄅㄆㄇ，你一樣也三歲，趕快來學一下吧！」恐怕就得再想一想喔！

　　「比較」會影響孩子的自我認知，更會影響孩子的人際關係。為什麼「比較」會影響孩子的自我認知呢？人本教育基金會副執行長謝淑美嘆息著細述「比較」的傷害——因為比較的著眼點是在「看自己的不足」，當爸媽不斷拿孩子和別人比較時，就是不斷挖掘孩子的缺點。

　　其實孩子身上有 80% 到 90% 是很棒的，但當爸媽不斷比較，將焦點都放在缺點上時，孩子感受到的是「最重要的是那不夠好的 10% 到 20%，你需要克服那個 10% 到 20%，才有可能更好」，孩子看到的就是一個不完美、不夠好的自己。一個努力那麼久、還是進步不來

的孩子，不會有安全感，也會更加沒有信心。

父母的語言對孩子的影響真的很大，看看我們自己就知道了。即使我們已經長大了，現在反問自己：「在爸媽眼中，自己是什麼樣的一個人？你的優點是什麼？」我想，大家都不知道怎麼回答，但如果問：「爸媽覺得你的缺點是什麼？」那答案就相當清楚了。這就反應出，我們都會記得爸媽說「我怎麼樣不好」，並且把它變成我們看待自己的眼光，變成我們信心不足的來源！

## 比較，讓孩子活得很辛苦

同樣的，當孩子養成這種看待自己的態度，看待別人時也會一樣。當比較心是如此深入孩子的人生時，他不會去欣賞別人的好，別人的好，都會成為他的壓力來源，也就沒辦法和人建立親密關係，因為對他來說，所有的關係都是一種競爭。

在這樣競爭的狀態下，孩子不能容忍別人的進步，別人的努力和好，對他都是一種壓力，當別人不好時對他才有利，他會過度在意別人的眼光，只覺得所有人都在等著看他失敗，等著嘲笑他，因為他自

己對人際關係的理解是這樣，他自己也會偷偷評價別人。

被比較不斷鞭策前進的孩子，辛苦地努力追趕標準、或是付出很多代價時，往往也會認為要有相對的回饋，可是人真實的生命中，沒辦法永遠擔保「努力就有收穫」，當沒有回饋時，孩子就有可能會變得憤世、貶低自我，跟世界的關係也變得不好！

對許多爸媽來說，一來「比較句型」也是自己成長過程中常聽到爸媽說的，二來這個方法的確感覺「很有效」，所以會用這樣的方式來教養孩子，也是很理所當然的。

但是，在這個效果背後，是要付出代價的：一方面影響孩子對自我的認知和接納度，孩子不能平衡地看到自己的好和不好，寬容地接納自己，欣賞自己，而會用最嚴格的標準來驅策自我；一方面剝奪孩子的安全感，讓孩子對人和世界上的事物缺乏信任感。

因為，人和人之間的關係，建立在信任和接納上，是「不管有再大的挫敗，我都陪在你身邊」，而不是「你不好好表現，不要以為我會永遠挺你喔！」

## 放下比較，讓孩子欣賞自己的好

可是，你或許會這樣想：「我是為孩子好，才會想讓他看到自己的不足，好好努力一下，這難道不對嗎？」其實，爸媽要相信自己的孩子，相信他也想要「自己表現好」！

本基金會副執行長謝淑美分享過一個經驗，當女兒小羽發現自己和朋友比起來，運動能力比較不好時，淑美問她：「會不會在意？有什麼感覺？」沮喪的小羽回答說：「反正我就是笨蛋！」這時候，做爸媽的要怎麼回應呢？是要說：「對啊！跟別人比起來，你真的是笨蛋」？或是說：「不會啊，你沒有那麼糟」？

建議你，不要火上添油，或是騙孩子、哄孩子，而要藉著這個機會，帶著孩子用更寬廣的眼界來看自己，比方說：「我沒辦法決定你怎麼想，但我覺得不是這樣。或許他運動方面很厲害，但是從其他方面來看，他也許會覺得自己是笨蛋，因為那一方面你真的很厲害。那，到底誰才是笨蛋？」

爸媽要相信自己的孩子，並且如實地對待他，讓孩子如實地了解

自己、貼近自己，做個能替自己負責的人。當孩子表現好的時候，不要怕讓孩子知道了以後會得意忘形，具體地讚美孩子，會讓他知道自己好在哪裡，讓孩子更有自信！

## 讓生命的挫敗如實呈現

近年來，由於「草莓族」一詞的興起，讓爸媽免不了擔心，自己對孩子疼愛與保護，會不會讓孩子成為溫室中的小花，無法承受挫敗？

擔心是一定會有的，但是爸媽其實不用刻意加挫折給孩子，因為真實的生命和世界本來就會有挫折，在孩子成長的過程中，挫敗的經驗，早就等在那裡。

比方說，小小孩面對自己能力不足，想走路沒辦法走；發現自己再怎麼愛媽媽，媽媽也不是自己一個人的；更大一點，發展同伴關係時，有時不管自己怎麼努力，別人就是不想跟他玩……。這種真實的挫敗，隨著孩子探索的世界越來越大、發展的關係越來越多，就要不斷學著面對挫敗。

面對挫敗不是一件容易的事，卻是成長必經的過程。為了讓孩子有足夠的信心和能力，在挫敗中發展生命經驗，而不是被打垮的，要讓孩子知道爸媽欣賞他、愛他，讓他知道我們看到「他的好在哪裡」。而不是強化孩子的「不足」，用它來評價孩子，加重且加深孩子的挫折。

## 孩子的挫折忍受力，源於你的愛

　　相信所有的爸媽，一生最大的心願，不是期望孩子功成名就，只是單純地希望自己的孩子，能一輩子幸福快樂！遺憾的是，任何人的生命中，總難免會有一些深刻的挫敗。

　　再怎麼愛孩子的爸媽，都沒辦法一路守護孩子，面對生命中的挫折，我們唯一能做的，就是替自己的孩子備配好「面對挫折」的能力。

　　孩子的挫折忍耐力，絕對不是靠「比較」磨練出來的。比較迫使孩子不斷聚焦在自己的「不足」，這樣對自己嚴苛、沒有把握的孩子，其實不用等到大的打擊，他身上揹的「比較」負擔，就無時無刻

折磨著他，讓孩子無法客觀評估自己，容易把自己逼到牛角尖去，一旦生命中的波瀾稍起，就極有可能變成「壓垮駱駝的最後一根稻草」！

孩子的挫折忍耐力，源自於爸媽無條件的愛。「有爸媽的孩子像個寶！」當孩子有爸媽的肯定、有爸媽傻傻的疼、愛與接納，從小到大在不同的生命歷程中，有爸媽陪自己客觀與寬廣地看待自己的成功與失敗。這樣的孩子，就會有足夠的自信和能耐，面對生命中的波折。

世界上也絕對沒有任何親子專家或是老師，能給予孩子這樣的肯定和信心來源，只有孩子生命中最愛、最重要的爸媽，才能有這麼大的影響力。這個影響力，也許不能讓孩子成為世界最頂尖的人，但卻能讓他充滿自信，相信「自己是世界上最值得存在的人，不管外界評價如何。」

在不久的將來，當孩子長大離家後，當他要面對工作的挫敗、感情的挫敗、生離死別的重大挫敗……這樣的自我評價與安全感，將能讓孩子冷靜評斷自己的成敗，客觀面對生命中的風雨，不畏挑戰，從中獲得更豐厚的人生閱歷與能力。

# 15 當眾數落孩子的缺點

影響歐洲教育思潮的英國教育家約翰·洛克曾說：「父母不宣揚子女的過錯，子女對自己的名譽就愈看重，他們覺得自己是有名譽的人，因而更會小心地去維持別人對自己的好評。」那如果爸媽老愛在他人面前，宣揚子女的過錯呢？這樣一來，造成孩子的自我感覺不好，無法肯定自己，自然沒有動機想要好好地表現。

## Story 教養小故事

德德的媽媽，有一群要好的姐妹淘，每逢假日大家就會呼朋引伴，帶著孩子一起去遊山玩水。一開始，德德很開心有同年齡的玩伴可以一起玩，但漸漸地，德德發現媽媽常常會在聊天時，數落自己的錯誤，讓德德覺得很丟臉。到後來，德德越來越不喜歡和大家一起玩，他寧願在家打電動，也不想和媽媽一起出門。

## 當眾批評，對自尊的毀損加權計分

當我們談及孩子的自信心時，自尊與自信往往是一體兩面，從心理學來說，自尊感可以是個體對自我形象的主觀感覺，心理健康的人自尊感比較高，認為自己是一個有價值的人，並感到自己值得別人尊重，較能夠接受個人的不足，也能欣賞別人的優點。

令人遺憾的是，受到傳統文化讚揚謙虛的影響，比方說請人家到家裡吃飯，不管準備了多少山珍海味，還是要說「粗茶淡飯」，別人家的孩子是「貴公子」，自己家的孩子就是「小犬」，同樣的邏輯引用到談論孩子時，往往被稱讚的都是別人家的孩子，自己的孩子分到的都不是好話，比方說：考試粗心大意、念書不知念到哪裡去了、在家什麼家事都不做……。雖然大人說的時候，或許是言者無心，聽到孩子耳裡，可不是那麼一回事呢！

將心比心，每個人都希望獲得別人的肯定和尊重，大人重視面子，孩子的面子也很重要。

對孩子來說，來自生命中最重要的人——爸媽的評價，是孩子建

構自我形象時，最重要的基石；爸媽對孩子的批評，也成為孩子評價自己的重要依據，那麼當眾指出孩子的錯誤，可以說「加權計分」，嚴重損毀孩子的自尊與自信，讓孩子產生自暴自棄的心態。

其實，哪有一個爸媽希望削孩子的面子，有時只是說說而已，或是希望加深孩子的印象，讓孩子改正錯誤；可是透過公然宣傳的方法，孩子不但無法心平氣和，面對自己的錯誤，反而會為了自我保護，惱羞成怒，產生對爸媽的抵抗心態，當然也無助於孩子改正錯誤行為。

## ♥ 批評，讓你看不到孩子的真面目

身為每天朝夕相處的家人，家是我們呈現真實自我的地方，家應該是包容我們犯錯，然後，從一次次錯誤中練習成長，一個充滿安全感與愛的地方。在這裡，我們不需要武裝自我，不需要隱藏自我的短處，可以無比自在地當自己。然而，如果爸媽無法給孩子這樣的安全感，反而將孩子所犯的錯，大聲嚷嚷當成新聞公諸於眾，也許你覺得這只是微不足道的小事，但在孩子心中卻是天大地大的事，會讓孩子失去對你的信任，連在家中都要試著隱藏與武裝自己。

有時候，不只是孩子的缺點，連孩子的秘密，也要慎重對待呢！小小孩最喜歡有秘密，能分享秘密的人，往往是孩子最親愛與信任的父母，隨著孩子成長的腳步，生活圈日益擴大，這些秘密有時可能是和朋友聊天的內容、或是上學時小小出錯的糗事，當孩子和你分享這些秘密時，你應該慎重地當作一回事，並且欣慰地想，自己還是孩子心中「同一國」的人。

可不要覺得孩子的秘密很有趣，就在親朋好友的聚會上，把它當成笑話說給別人聽，這樣的背叛，會讓孩子很受傷，覺得爸媽不守信用，漸漸把自己的秘密藏在心裡，不再和你分享呢！

## 🩵 當眾具體讚美，讓孩子擁有好人緣

想讓孩子成為自尊、自信的人，爸媽就該以身作則，將孩子視為獨立的個體，尊重孩子，保護他的面子，不吝於在他人面前，稱讚孩子的優點，至於孩子的缺點，就回家關起門來，再陪孩子一起如實地面對它、挑戰它。爸媽這樣的真誠對待，會讓孩子感受到「自己是個值得被尊重、值得肯定的人」，這樣的自覺，會讓孩子在人際關係中，懂得尊重自己，更懂得尊重別人，擁有好人緣。

你或許會心懷憂慮，不知道這樣的態度，有沒有可能矯枉過正，讓孩子成為驕傲的孔雀，再也無法接受他人的批評？你或許還讀過相關的報導，告訴父母「教養子女時的過度讚美，讓這一代的孩子極度自我中心、過度自信、不顧他人感受」，還有心理學家宣稱「自戀時代來臨！」

其實，只要抓住讚美的重要原則——如實看到孩子的好，打從心裡讚美孩子，就不會有上述的問題發生了。

最重要的是，不要將自己的期待和標準強加在孩子身上，要了解自己的孩子，接納孩子的不足，並肯定孩子的長處，具體讚美孩子。比方說，孩子雖然不是球場上表現得最好的那個，但孩子的努力不懈，卻很值得我們說：「做得好，我欣賞你的運動精神。」而不是說：「你好棒！」這樣模糊不清的讚美，會讓孩子對自己的認知與能力產生混淆。

同樣的原則，也適用在當眾讚許孩子。具體讚美孩子的行為，會比模糊不清的讚美，讓孩子更了解自己，找到自己可以更加努力的方向。比方說，當孩子願意當個小主人，和別人分享玩具時，與其讚美孩子：「你真是個好孩子！」不如誇獎孩子說：「你把玩具借給別人

玩，和別人分享，真的是一種很了不起的行為呢！」

## 讚美孩子，但不拿別人當墊背

接下來，還要提醒各位爸媽：讚美孩子，除了要「有所本」以外，更要切記不要「貶低別人」喔！

不要在讚美孩子的同時，拿其他的孩子當作墊背，像是說：「你真是個細心的孩子，總會在媽媽需要你的時候，伸出援手，不像某某某，總是少根筋似的……」讚美孩子的好，不代表這個好，得靠別人的不好來烘托，當爸媽專心地對待自己的孩子，打從心裡讚美孩子的優點時，也要用同樣的心思，來面對別人家的孩子。

隨著孩子的人際範圍擴大，同儕關係對孩子的影響力會越來越大，同伴間相處時，不同氣質的孩子，自然會浮現出各自獨特的優點和缺點，爸媽雖然無法影響孩子要選什麼樣的人當朋友，卻能藉這樣的機會，讓孩子用不一樣的眼光，來理解自己和別人。

當你不吝於讚美自己的孩子，使孩子充滿自信心，接下來也要不吝於讚美其他孩子。有自信的孩子，不會因為別人表現得好，而產生「我不好」的危機感，也就能夠心平氣和，學著欣賞別人的優點，進而肯定別人的優點。而有著「我很好！你也很棒」的心情，孩子自然能夠在成長過程中，享受友伴關係帶來的喜悅，甚至產生「互相提攜」的正面效益。

　　「天下無不是的父母！」深信全天下的爸媽，都用自己所認為最好的方法來愛孩子、教養孩子；但是，無可諱言的，昔日在爸媽「望子成龍、望子成鳳」心態下長大的我們，難免都有「不論怎麼努力，都達不到爸媽眼裡的標準」這樣難以抹滅的遺憾吧！但有人說，當了爸媽就像是擁有第二個童年，在陪著孩子長大的路上，也可以「順路」把自己兒時的傷害和遺憾補起來，讓孩子和自己都成為更好、更有自信的人，這是多麼幸福的一件事啊！不是嗎？

# Chapter 4

## 糟糕！孩子
## 不喜歡學習

曾有人做過調查，問孩子們：「你目前最重要的事情是什麼」？答案雖然五花八門，但「學習」從來不在名列前茅的選項當中。這很正常，不要奇怪，因為大部分孩子從來不認為學習是最重要的事情，對於一個正處在天真爛漫年紀的孩子來說，喜歡玩是再也正常不過的事情了。

但孩子為什麼不愛學習呢？想想以下場景……

當你看到孩子的第一句與學習有關的話是不是大都是：「寶貝，今天功課寫完了嗎？」「寶貝，去看書吧」……你說的最多的是哪一句呢？同理，把這些話放在你的工作中，你的老闆看到你總說：「你今天的工作完成了沒有？」「你業績進來了沒有？」……是不是很煩？你是不是會想我除了工作之外，我就不能休息一下嗎？你就不能關心一下我的家庭和健康嗎？同樣地，孩子也是這樣想的：「我爸媽天天只知道問我作業和學習，從來都不會體諒我，更不會陪我玩」……這是為什麼孩子不愛學習的一個非常重要的因素！

　　每對父母都不希望也深怕自己的孩子輸在起跑點上，於是隨著胎教、三歲定終生……等最新幼兒發展訊息的普及，孩子的起跑點越來越往前移，加上教育改革多元入學的激發，孩子可以「補」的除了智育，其他各項才藝也要輸人不輸陣地補起來，於是孩子的生活，被各式各樣的學習填滿，親子相處的時間被安親班與課輔班取代。

　　這樣卯足全力的競賽，真的能讓孩子在人生旅程中領先嗎？其實，如果你回想一下自己小時候讀書的狀況、面對「用功唸書」的態度，說不定就能發現，孩子為什麼不喜歡讀書了。

# 16 讀書很無聊

　　閱讀，對大部分的孩子來說，一開始都是排斥的。其實，利用一些生活習慣的改變，就能在潛移默化之中提升孩子對「閱讀」喜愛的程度，而這個方法是需要透過身為爸媽的你來協助的。當爸媽示範了「愛讀書」的身教，在家中建立起適合閱讀的氛圍，孩子自然而然會受到感染，愛上「閱讀」。

## Story 教養小故事

　　小旭在學校的成績始終不是太好。一開始，爸媽心急地叮嚀小旭要用功讀書，接著則演變成用嚴厲語氣逼迫小旭坐下來唸書。到最後，每當爸媽又要小旭唸書時，他便反抗了：「對啦對啦！我就是不喜歡看書，怎樣？」小旭對於閱讀一點「好感」也沒有，更不喜歡讀書，但總是被硬逼著做自己不喜歡的事情，結果只使得他愈來愈不喜歡讀書，跟著就連上課看到書本都感到厭惡。

## 築一個充滿書香的小窩

　　我自己開始喜愛閱讀的時間點，已經記不太清楚，但是，因為爸媽都在印刷廠裝訂界工作的關係，從小家裡所看得到、摸得到的，四周圍都是各種不同類型的書本，而媽媽也經常陪我一起唸書，所以小時候的我很自然地認為「看書」是每天生活的一部份。打從有記憶以來，我幾乎每天抱著書，並不是我比較特立獨行，也不是天生比較聰明，我也有自己喜歡的電視節目和卡通，只是閱讀對我來說，已經成了一種長期累積下來的生活習慣。

　　從小我就喜歡看星座故事，家裡有一套四本講解四季星空的天文科普叢書，到現在我還是不時地會翻閱它，而小時候就讀過成語故事、唐詩、宋詞，所以對於文字的敏感度大概也是從那時開始培養起的。我家還有一套一百本的《自然科學圖說》，所以我六、七歲的時候就知道蝴蝶是一種屬於「完全變態」的昆蟲，因為小時候讀過，後來到了國中上生物課時老師講得更清楚，我便覺得課程更加有趣。

　　隨著閱讀量不斷增加，我對於各種不同領域的知識也愈來愈感興趣，也因此而更加喜歡讀書，開始上學之後，和自己窩在書店翻的

書本比較起來，反而覺得學校課程相當簡單，老師講課時，不管是國文、社會、自然……等，對我來說都很容易理解和記憶，所以，成績自然比其他同學好。

現在有很多爸媽一直在強調要給孩子最好的教育，但是常常發生這種狀況：覺得英文很重要，所以讓孩子補習英文；覺得計算能力很重要，所以孩子要補珠心算；覺得學音樂的孩子不會變壞，所以讓孩子補習鋼琴、小提琴；希望孩子會多一點才藝，所以讓孩子補習繪畫或舞蹈……。

其實這些都只是「技能」(skill)而已，就算沒學會，對於人生也不會有太嚴重的損失。但是，如果孩子的技能點數超高，對於知識的基本理解與吸收能力(ability)，卻沒有培養起來，對學習造成的影響則非常大，而培養理解與吸收能力的最有效方法，就是——閱讀。

有一天和朋友一起吃飯的時候，朋友說起他一位國中家教學生的狀況，「我的學生看不懂題目，每次都要我花上許多時間來解釋，搞的我好像不是在教數學，而是在教國文啊！」「怎麼會？」「題目都沒看懂就亂套公式，一開始就用錯公式，怎麼可能會算對？難怪考出來成績不好啊！這屬於國文的範圍，你來教好了。」

數學是數學，國文是國文，兩個科目看起來毫不相干，但事實上卻是脫離不了關係的，而上述的情形，同時也發生在許多孩子們的身上。我自己本身是很多孩子的國文和作文家教老師，有些朋友則專門負責教數學或物理、化學等等，他們有時在教學中發現，孩子成績差不是因為頭腦笨，也不是不懂老師上課時所教的內容，而是考試或寫作業的時候讀不懂題目的意思，這種情況在寫數學的應用題時尤其明顯。

例如：攤販有 10 支棒棒糖，一支 3 元，小明向攤販買了 3 支，又買了 2 支，總共付了多少錢？

像這樣簡單的題目，我們都知道「又」的意思在數學題目中代表的是「＋」加號，正確答案是買了 5 支糖總共 15 元。但看不懂題目的孩子困擾的是，他會先想一支糖到底是 10 元？還是 3 元？還是 2 元？買 3 支是多少？買 2 支是多少？這樣加起來是多少錢？接著他才會開始做計算，用這樣的方法算得慢，也容易算錯。

像這樣程度的題目還算簡單，心算好的孩子一下子就能算出答案了，但到了國中、高中的程度，答案不再那麼「剛好」是整數，愈來愈複雜的題目和公式要不斷地進行理解與記憶，看題目時如果不能一

下子理解題目的意思，出題老師究竟要問的是什麼，不但作答速度變慢，題目寫不完，可能因為看不懂題意而列出錯誤的算式，當然也就算不出正確答案了。

從國小到高中階段的課本幾乎是用中文寫成的，如果沒有良好的語文教育，沒有辦法正確的理解中文，孩子又怎麼可能產生自我學習的能力？孩子讀不懂課本、作業，考試時又讀不懂題目，一定考不出好成績，時間一長，連去學校的動力可能都消磨光了。其實「閱讀」能力的培養也是語文教育的一環，幫助孩子吸收他們所聽的、所看的、所學的知識，也連帶影響往後其他學科的吸收。

先別說國高中課程沒搞定以前，考進好大學的目標是不是容易達成，就算以後到了大學、碩士班、博士班，更需要自己學習吸收知識，這時候的老師們已經不再像國中小的老師一樣，耳提面命地提醒孩子們什麼時候該讀書，想要做好學期報告也要先讀懂書本上的意思，看不懂文字，無法正確的吸收，就別想把報告做好了。

大學除了學科上的原文書以外，有些教科書也是中文版，更何況有些教授在講台上也是用中文講課，沒有好的中文能力，怎麼搞定學業成績呢？

　　根據天下雜誌的調查，34.5% 的國小生經常會主動閱讀課外書籍，但到國中時主動閱讀課外書籍的比例下降至 28.8%；另外，調查的結果顯示有44.1% 的家長沒有經常閱讀的習慣。也就是說，我們常常要求孩子要多看書，自己卻跑到電視機前，坐在沙發上拿起遙控器，跟著電視機放送的內容哈哈大笑，這樣孩子就會容易分心，而跟著大人們一起看電視，那不管書籍內容是否屬於還算有趣又不艱深的故事書，孩子們都一定是「身在書房，心在客廳」，那麼我們又要怎麼要求孩子在未來十年，整天抱著無趣的教科書埋頭苦讀呢？

　　想要培養孩子良好的閱讀習慣，父母親務必陪在孩子旁邊，從自己本身先開始做起，一方面陪孩子讀書，一方面用討論的方式交流彼此的意見，這樣孩子逐漸受到影響，家長也可以藉此了解孩子的想法，拉近彼此的距離。

## 和孩子一起腦筋急轉彎

　　和孩子一起從小培養大量閱讀的習慣，不但對成長時期的學業有幫助，還可以協助活絡大腦細胞的運作，因為人在閱讀的時候，需要眼睛先接收文字訊息，再把訊息解讀成可以了解的意思，這個過程需

要思考及訊息轉換，是相當繁複的手續，為了完成這個任務，大腦中許多的功能便需要一一啟動。義大利有一份研究表示，一個人只要讀五年的書，得「阿茲海默症」的機就會比文盲少十四倍，所謂「阿茲海默症」就是我們俗稱的「老年痴呆症」，這種病症發生的原因在於腦細胞因年老而退化，腦部活動量變得極低，所以形成無法自行打理生活的病徵，這份研究也顯示了閱讀可以活化腦部功能，降低腦部老化的風險。

其實在我們的日常生活中，也可以體會閱讀比看電視更需要「用力」，因為看書的時候必須不斷的「咀嚼」字裡行間的意思。隨著書籍內容的不同，為了看懂「文字」內容，有的還要從「文字」轉換成「圖像」，不知不覺中大腦就用了很多的力氣為我們服務。

就算是一般坊間公認為「閒書」的言情小說和武俠小說，在閱讀的時候，人會先把文字訊息轉換成自己所了解的意義，再把這些意義轉換成腦海中的影像，這個過程當中除了理解，還要運用想像力，隨著情節的發展，將一句一句的文字訊息變成一張一張的圖象。

同時，在這個過程當中，大腦還會一邊整理這些情節是否有合理的邏輯，整個故事的基礎架構是不是符合我們所熟知的日常生活經

驗，因為大腦提供我們這些服務，我們才有辨別想像與現實差異的能力，而不會把虛假和真實混在一起，像有些人看書看得太入迷，偶爾會有把幻想與現實混淆的情形。

如果連閱讀這類所謂的「閒書」都需要大腦這麼辛苦的為我們服務了，更何況是其他知識性的書籍？例如：談論物理加速度現象的科普叢書，內容藉由許多文字敘述及圖表的呈現，推導 $F=MA^2$ 這個公式，在閱讀的過程當中既需要不斷理解文字的意義，又需要對照文字與圖表的相關性，而文字敘述的訊息模式又與圖表呈現的訊息模式有很大的差異，最後卻是整理出所要推導出的公式，其中思考的複雜程度不是我們三言兩語所能表達清楚的。

我們會發現，不管是看書或瀏覽網路文章，閱讀文字比看電視、看影片更花費腦力，經常花一兩個小時看電視、影片，看完之後只是眼睛稍微疲倦，不會引起睡意，但看書甚至瀏覽網路上長篇的文章，這種閱讀文字的活動則會在進行一兩個小時之後，感到十分勞累而且有睡意，這就是因為大腦活動量的差異所造成的結果。

通常，沒有閱讀習慣的成年人，連閱讀報章雜誌的文章時，也會沒有讀完的耐心，常常會直接說：「看不懂，不喜歡。」

古人說：「三日不讀書，便覺面目可憎。」不是說不讀書外貌會變醜，而是因為不讀書，沒有活動大腦的日常生活，會讓整個人的精神內涵變得空洞、無知，就像體育課的時候，大家都在跑步、打球，自己卻懶洋洋地躺在樹蔭下納涼，時間一久，體力就漸漸退化了，那又怎麼可能在運動會的時候參加各種比賽呢？引導孩子多利用閱讀的方式，讓大腦做做運動，不但可以提升學業上所需要的理解和應用能力，也可以提升面對未來生活中各種挑戰的應變能力。

## 🧡 閱讀也可以變得有趣味

我們之所以要孩子培養大量閱讀的習慣有個重要的原因是，有助於往後的課業學習，再者，讀書不但可以幫助孩子活化腦細胞，藉著閱讀的過程培養想像能力、理解能力和邏輯能力，從小培養孩子閱讀的習慣還可以了解孩子的興趣和特質在哪些方面。

爸爸媽媽可以先以唸繪本和童書給孩子聽開始，讓孩子對書本產生好奇，進而讓孩子自己開始閱讀簡單的童話故事書，等到孩子認的字變多了，再逐漸加深閱讀的難度，例如各大書店列為優良讀物的偉人傳記、歷史故事等等，這些都有出版社聘請專人改寫成適合兒童閱

讀的版本，又經過出版獎項評審的篩選，對於不知如何為小朋友選擇
讀物的父母來說是比較容易的方式。

　　建議父母讓孩子從文字較多的書本開始讀起，這是因為孩子未來
很容易被漫畫書、電視、電腦等，大量視覺和聽覺的刺激吸引目光，
因而距離閱讀文字愈來愈遙遠。如果沒有從小培養孩子對閱讀文字的
能力和興趣，隨著孩子的成長，接觸的事物和資訊愈來愈多，要教孩
子培養閱讀習慣將愈來愈困難。

　　如果孩子比較大了，大約國小三四年級左右才要開始培養閱讀習
慣，爸媽可以從現在起開始帶著孩子從報章雜誌中一些輕鬆的單元開
始，除了爸媽的努力之外，也可以向老師詢問是否每週能推薦一本適
合讓孩子閱讀的兒童或青少年讀物，讓孩子在學校課程空檔和同學、
老師一起討論書本裡的內容，爸媽也可以在孩子讀完書後問問孩子有
什麼樣的感想，引導孩子逐漸領略「文字」的世界。

　　閱讀還可以讓我們的孩子吸收前人的知識和經驗，在故事當中看
到名人努力的過程和志向，向偉人學習正確的人生態度，規劃自己可
能的人生方向，這些都是孩子日常生活當中所缺乏的，這也是我們需
要培養孩子閱讀習慣的目的之一。

很多所謂的「成功人士」，不管是學者、政治人物、企業家、演藝人員，他們都要不斷進修，而自我進修最有效的方法就是「讀書」，他們從閱讀中獲得許多前人所體悟出的道理，做人處事、經營管理的經驗，從書本中獲得各種不同角度的想法，進而幫助他們面對各種不同的狀況時有較精確、客觀的判斷力，也幫助他們思考在不同環境中如何以較適當的方式達到目標。

可是，如果我們也每天讀書，為什麼不能達到「成功」的境界？因為閱讀不只是把「文字」理解和吸收而已，更重要的是如何活用從書本中獲得的知識，例如讀了「緣木求魚」的成語故事，是不是真的了解這個成語的意思？有什麼情況我們會用「緣木求魚」來形容？如果在生活中，我們是不是也會犯這樣的毛病？書裡面所教導的道理是不是適用於現代？還是需要調整？緣木是不是真的求不到魚？請記得，教孩子活用書本的知識比要他們死記、硬背更重要。

而學校老師在引導孩子進入閱讀的世界時，也要嘗試各種不同的方法，不少老師用學習單的方式讓孩子帶回家做，但有一個問題，對於以往沒有閱讀習慣的孩子來說，要他們根據主題找一本有關的書，或是以老師指定的書目進行讀後心得的寫作，他們只是把它當做功課的一環，經常向父母求救，而父母可能因為工作忙碌，只能帶著孩子

趕快應付完功課就好。

如此一來雖然讀了書，寫了心得感想，但孩子大部份都是急就章，哪能領略什麼閱讀的趣味？哪能真正從書本當中吸收知識與經驗？只是單純應付功課而已。其實我們可以運用課堂後的時間讓孩子自由發表他們的意見，聽聽他們對於書本內容的看法，更重要的是，從故事和現實生活的比較，讓他們了解其中的差距，以及可以在現實生活中運用的知識。

## 你的孩子有閱讀障礙？

除了閱讀興趣沒有培養起來，孩子不愛看書還有另一種可能的原因，而這才是最令人擔心的問題，但這個問題並不會妨礙孩子的發展，只是需要爸媽和老師合作及運用更適合的方式輔導孩子。這個問題就是──「閱讀障礙」。

洪蘭教授曾經以愛因斯坦為例，他是人類公認成就最大的科學家，他在1905 年發明相對論，有出版社整理他昔日的筆記和日記卻赫然發現，愛因斯坦是閱讀障礙者。愛因斯坦死後把大腦捐出來供做

解剖研究，人們發現大腦的體積大並不等於聰明。以愛因斯坦的身高體重來說，他的大腦應該重 1350 克，但實際只有 1230 克。但他的大腦記憶空間區比一般人大了 15%，解剖發現，該部位的神經連結相當密，負責輸送養分和氧氣的膠質細胞也比正常人多。

除了愛因斯坦，研究人員後來還相繼發現許多在各個領域有所成就的人，同時也是閱讀障礙者，畢生發明兩千多項產品的發明大王愛迪生、知名藝人湯姆克魯斯、帶給全世界的人們童年歡笑的華德迪士尼，還有音樂家貝多芬、生物學家兼藝術家達文西，甚至以懸疑、驚悚風格創作推理小說的愛倫坡，都曾經為閱讀障礙所苦惱。

我有個家教學生，在輔導的過程中發現他也有類似閱讀障礙的狀況，我開始教他的時候他已經是一位高中生，因為從國中起國文都考不好，在國中時期已經高薪聘請在學校授課的國文老師到家中加強國文科輔導，但在我接手這位學生時，發現他唸書很認真，看起來也很專心。照理講，他這麼願意花心思，應該不會考得太差才對，所以我開始試著從其他地方了解他讀書的問題。

原來，對他來說，「聽」才是最有效的讀書方法，對於需要透過閱讀記誦的部份，他永遠也背不起來，雖然他讀得懂，還不至於到有

「閱讀障礙」的程度，但「背多分」的方式不適合他，他用這種方法唸書當然唸不好。

於是我改變策略，需要「背」的部份一定要用講的講過一遍，也陪他一小段一小段地讀書，一一把要背的部份分段背起來，不需要字斟句酌的部份，則只要他理解字詞的意思，能用「自己的話」說出字詞的解釋，就連文言文課文的翻譯，也不要求他非照著參考書的方式寫，我請他用理解的方式讀國文，而不只是背書而已。

結果，第一次段考的時候他終於及格了，國文科排名全班第八，第二次段考國文科成績是全班第一名。他可以把國文唸好，其他科目當然也可以如法炮製，關鍵在於，孩子唸書的方法對不對？適不適合他們自己的優勢？

那麼，該如何判斷孩子是否有閱讀障礙呢？

閱讀障礙的小朋友在閱讀時，常常因看不懂而分心、哭泣、搗蛋、坐立不安，對於閱讀這件事不願意嘗試、甚至連看電視都興趣缺缺，但對於無需閱讀的事情又表現得和一般小朋友沒有兩樣。因為不

易察覺，如果發現孩子一直無法學會注音符號、小一國語及數學成績上有很大的差異，或孩子到了小學三年級還沒有辦法閱讀兒童讀物，就必須注意孩子是否有閱讀障礙的可能。

一般閱讀障礙的小朋友有兩種情況，一種是字詞的辨識有困難；另一種則是認識字詞卻無法了解文章的深層意義。但是他們的聽覺理解卻是正常的，所以對於他們最好的學習方式是脫離書面文字的學習。老師、家長都必須運用各種感官的方式進行個別化教學，當然，也需要醫院以及輔導機制的協助。

用心的三個步驟：**發覺→理解→應對**，
即能有效解決孩子的教養六大問題：

☑ **安全感**　　☑ **學習力**
☑ **生活力**　　☑ **創造力**
☑ **自信心**　　☑ **人際關係**

# 17 明明有認真， 就是讀不會、考不好

請爸媽或老師首先要關注孩子在學校以及在家裡的狀況，有時候影響因素可能和環境有關，例如：父母離婚、吵架，孩子也會受到影響；學校外務太多時，可能要請導師了解詳情並協助孩子減少外務，如果不是這些狀況，那麼就要更仔細地找出孩子考不好的原因了。

## Story 教養小故事

「怎麼教都聽不懂，這孩子是怎麼回事？」小芳的老師每個星期特別撥時間輔導，但小芳每次考試還是考不好，平常上課時有點心不在焉，有時候還會打瞌睡，特別輔導的時候看來卻相當認真，每次詳細教過一次之後問她懂不懂，她都點點頭，一遇到考試卻又立刻忘光光，有時候是不會寫就跳過不寫，寫了又粗心大意，整張考卷一個個紅圈圈，小芳覺得自己很笨，老師和爸媽也覺得無可奈何。

小芳到底發生了什麼樣的問題？是什麼樣的原因導致她上課心不在焉？這些都要從生活小細節去檢視，而且是需要爸媽和老師共同協助才能了解的。

## 前面沒搞懂，後面的當然也不會

　　以我自己的例子來說，高中讀的是第一志願，但是其實要說我是僥倖考上的也好，總之高中數學和高中英文從高一第一堂課到高三最後一堂說再見的時候，完全沒有一堂課是聽懂的，每個學期固定當兩科，但我很努力的專心上課，老師卻也拿我的成績沒轍，英文老師是全英文教學，數學老師講課雖都用中文，但對我來說一樣都像外星人的語言，老師們雖然人很好，但他們不能只顧慮我的程度，因為其他同學們都很優秀，不能只遷就我一個人。

　　但我的家境不好，沒辦法讓我兩科都補習，所以我只好自己找數學補習班，英文想辦法自己唸，我的爸媽在這方面沒有辦法給我協助，老師也沒有辦法給我比較好的學習方法，為什麼呢？一方面是父母親忙著處理他們的事情，而且他們學歷不算高，我所唸的課程他們根本從來沒有接觸過，就算想教我也不知從何教起。

　　另一方面，老師自己本來就是擅長自己教的科目，才會教英文、數學，他們很難想像為什麼他講得這麼淺顯易懂，還是有人「有聽沒有懂」。高中英文老師和數學老師每次因為我上個學期成績不及格而

找我到辦公室時，總是搖搖頭問我：「到底發生了什麼事？」當時的我只知道低著頭，完全不知道該怎麼回答。

上課聽不懂光是補習有用嗎？可能還是會有一點效果，但這要看孩子本身的狀況。

記得我當初找到一間小型的高中數學家教班時，一上課剛過十分鐘，我就發現補習班老師教的我還是聽不懂，當下我自己就覺得有點氣餒，甚至舉手發問之後，補習班老師說：「妳怎麼會問這種程度的問題？這是國中數學啊！」無心說出口的話，讓我當時覺得非常羞愧。

像這樣的孩子，我們需要和他一起討論成績不好的原因，可能是常常不專心，可能是課程難度太高，或者外務太多，導致課程上常常只有片段的記憶，沒有完整吸收課堂上的知識，例如常常出公差或參加比賽之類，了解原因之後我們才能對症下藥。像我高中時期的狀況，就是因為底子沒打好，一考完試國中時期的課程就全拋到腦後，那怎麼能順利銜接高中的課程呢？

## 孩子的學習路上需要我們的陪伴

上課的時候老師問：「有沒有問題？」如果沒有人舉手發問，老師就會做個段落結束，然後接著上下一個階段的課程。

老實說，就我自己讀書的經驗以及教學的經驗來說，有兩種人是不會有問題的，一種是完全了解上課內容的，這種人當然完全沒有問題，另外一種是從頭到尾沒有一個字是聽懂的，沒有一句話是吸收進腦袋裡的，這種孩子當然也不會有問題，要不就是放棄、直接不聽課了，要不就是聽了也不知道從何問起。

當了解孩子上課聽不懂的原因之後，爸爸媽媽或老師可以協助以及與孩子溝通是否能降低影響功課的因素，在課程進行時，要怎麼樣加強上課時的理解，畢竟老師講課時是唯一一次聽講的機會，等老師授課之後才想要以複習的方式加強功課，其實是事半功倍的。

如果是上課不專心，和孩子討論看看是否可以試試儘量做完整的筆記，有時候筆記也不見得是把老師所講的話全都抄下來，那還不如整個錄下來，況且其實整堂課不是每一分每一秒都是課程的重點，有

時候只是老師做課程內容的摘要或介紹。

以前唸書的時候，上課前我總是會翻翻課本，想一下老師上次上到哪裡，這次要講的大概是哪些部份，在老師進教室之前就先瀏覽一下老師今天的進度，這也算是一種簡單的預習，在上課前的小預習能讓孩子在課程進行中更容易抓到老師所要講授的重點，也能縮短剛上課時培養專心的時間。

孩子需要你的引導，因為這已經超過他自己本身的能力，以我自己來說，高中時期成績一直墊底，雖然大學聯考時還是考了不錯的成績，大家都只看到最後的結果，卻不知道我自己在摸索學習的過程中是多麼徬徨，每次學校的小考和段考結束，心情最是低落，因為在考試的時候就知道，那些題目我一個也不會寫，都是亂猜猜出來的。

如果當時有老師和爹娘可以幫我，和我一起度過這種學習摸索的過程，我一定可以不用這麼辛苦，也不會對於即將來臨的大考產生恐懼，甚至一度想放棄唸書，因為那時候還覺得自己怎麼唸也不會有進展，考了私立大學家裡也供不起，考了也是白考，我的導師一度很想叫我去看心理醫生。

## 放心！考出好成績是有方法的

當初我的父母親和高中英文、數學老師們大概也不知道怎麼處理我高中時期的情況，那個時候自覺成績一直沒有提升也不是辦法，又不希望被貼上「妳就是數學、英文不好」的標籤，所以我只好下定決心靠自己摸索著學習的方法，總覺得絕對要好好拚一次才能定論。

還好當時我對自己的信心還沒有完全喪失，「以前國中玩三年能考到第一志願，相信大學聯考也可以順利度過」，就憑著這種不服輸的脾氣，那段時間經常跑到重慶南路的書店，翻閱坊間各式各樣關於如何唸好英文的書。

沒有什麼學習方法是錯誤的或正確的，也沒有什麼學習方法是萬無一失的，坊間也有所謂「保證成效」的記憶力加強班、速讀、提升專注力等等的補習班，也許有所成效，但這些都是表面的技能，加快某個複習階段的速度而已，真正要有效學習還是要看孩子本身的特性，運用孩子本身的特質發展屬於他個人能掌握的讀書方法，那才叫做「適合」。

那麼以往的方式就一定錯誤嗎？不是的，只是以前那個階段用以前的方法，或許還可以應付考試，而以前那個方式也許是最輕鬆的，但換了一個學習階段之後，可能就要重新做細部的調整。

所謂「適當」的學習方法是在一段時間內，用個人比較簡便的方法，儘快地把限定的課程複習完畢，而且要儘量達到融會貫通，而所謂「適當」與否也和現階段的課程難度有關。

根據每個人的不同情況，所適用的學習方式也不一樣。我自己高中時期的方式是最土法煉鋼的，英文單字量不夠就背單字、背課文，每天背，用不同的方法背，把每一篇課文都背下來。其實語言代表一種文化，也是一種思考邏輯的展現，背多了就會從中找到它們形成的規則，有規則就會有例外，之後就只要針對例外的部份特別去記憶就好。

因為數學不好，不知道該怎麼辦，就每天寫計算題，一開始每天寫一題，隔天多寫一題，後來每天寫五題，答案錯就自己對照詳解檢查哪裡錯，錯了就訂正，再找類似的題型做一次，計算題算到很無聊的時候，就寫參考書或學校自編講義的基本練習題，而進階題型因為

太難，所以從來不列入每天的例行作業裡，只是偶爾當做「娛樂」寫一寫。

這種方法雖然看起來很笨，好像也沒有什麼所謂的「系統」，但對當時的我而言卻是最有效的方法，因為每天背單字、背課文的關係，高三時我開始發現有些題目的單字是我背過的，有些題目看得懂了，大學聯考時也有到五十六分的高標；而數學雖然本來一直沒什麼明顯的起色，至少大學聯考從二三十分跳到九十點八分，有人說是奇蹟，其實是長期努力下來達到融會貫通的成果。

## 了解強項和弱項，學習更簡單

要如何協助孩子分析出學科的強項與弱項呢？用商業管理的方式來說就是做一份 SWOT 分析，做學科能力的 SWOT 分析有個好處，就是透過討論與分析，孩子可以清楚自己的長處和缺失在哪裡，在課後複習或考試前的複習計劃中，可以妥善安排時間，截長補短。

以我高中的情況來說：我的記憶力很好（內在優勢，Strength），公民和國文這種背誦類的科目就難不倒我，因為邏輯也

還不錯，加上從小讀很多相關書籍（外在機會，Opportunity），所以對於歷史事件的推移或者地理、地科這種推理性的學科也很有把握，但是因為計算能力不好（內在弱勢，Weakness），導致我的數學考卷常常公式用對了，但計算結果是錯的；還有英文科方面，則是因為我沒有時常使用的環境和對象（外在威脅，Threat），接觸的單字量不夠，所以題目看不懂，考試寫英文作文的時候也沒轍。

我高中的時候當然不知道什麼 SWOT 分析，但當時自己認為沒有那麼多時間可以準備所有的科目，學校安排的課程表裡，每天至少有五到八科要上進度，放學之後開始複習也不可能逐字逐句複習完一遍，想到「時間就是金錢」，應該要花在刀口上，所以才自己編了一套課後自習計劃。如下：

| 星期 | 一 | 二 | 三 | 四 | 五 | 六 |
|---|---|---|---|---|---|---|
| 19:00 | 文史地 | 文史地 | 文史地 | 文史地 | 文史地 | 補數學 |
| 20:00 | 數五題 | 數五題 | 數五題 | 數五題 | 數五題 | 補數學 |
| 21:00 | 背英單 | 背英單 | 背英單 | 背英單 | 背英單 | 問數學 |
| 22:00 | 背英課 | 背英課 | 背英課 | 背英課 | 背英課 | 休 息 |

這其實不算縝密的計劃表，我當時還留了星期六白天要睡覺、做家事，星期天是聖經裡的安息日，雖然我不是教徒，但也給自己一個藉口，算是對自己「很寬鬆」的計劃。而表中「文史地」安排在一起是因為一方面我自己讀這些科目不需要花太多時間，只要跟著課程進度稍微複習就好，如果提早複習完就可以先休息或複習其他科目，其中也可以發現，英文和數學就佔去我大部份的時間，因為自己評估這兩科要考到可以「見人」的成績，需要花很大的心力才行。

　　因為了解自己的強項和弱項，就知道自己讀書時間的安排應該怎麼去做，如果你的孩子整體來說成績不好，也可以和他們討論看看哪一科是他們比較好的，哪一科是比較弱的，可以多挪一些時間來唸自己比較弱的科目，如果再加上前面所提到的上課專心聽講及理解課程內容，以及協助孩子找到屬於他們自己的讀書方法，那麼大概做到這個步驟，他們的成績也必然可以提升不少。

## 問問問！有問題就要問！

　　通常詢問問題的對象可能是學校老師，因為學校各科老師自己備課，自己教學，最清楚學校考試的題目要怎麼解答，然而學校老師通

常很忙碌，同時要帶好幾個班，若不是擔任班級級任導師的話，通常也只有到班上上課時才會見到老師，如果希望老師能固定讓孩子問問題，最好事先詢問老師方便的時間，例如一週當中某一天的中午或者放學後的某一段時間。

如果不好意思常常麻煩學校老師，可以請該科成績比較好的同學協助，有時候同樣都從學生的觀點出發，也比較清楚為什麼會會錯意，為什麼孩子作答的思考方式是錯的，所以向同學求助也是一個不錯的方式，如果孩子和成績比較好的同學交情不錯，有時候也可以請那位同學到家裡一起複習功課，這樣也有伴讀的效果。

學校老師和同學的義務幫忙，有時是要配合人家的時間，但孩子不懂的問題可能隨時都會出現，而且可能每一科都有需要，若是這樣我就會建議學生補習，一方面補習班老師上課多聽一次，又會有不同的體悟，另一方面現在的補習班都會配合該班複習計劃，規劃出可以自習及問問題的時間，也算是一種不錯的選擇。但要注意的是，補習班師資及管理方式參差不齊，要慎選真正關心學生的補習班。

另外就是請家教或伴讀，這個方式對於家長來說，經濟負擔會重一點，不過直接請家教和伴讀，只要家長和老師雙方事先談好時間，

孩子就可以固定在指定的時間問問題，家教或伴讀費用和課程難度以及教學經驗成正比，課程難度愈高，所需的備課時間愈多，經驗愈豐富的老師，愈有足夠的能力解決學生普遍發生的問題，當然費用相對也比較高，但同時也可以考量家庭的經濟能力，在妥善安排之下有時候會比讓學生去補習班有效又便宜。

在問問題之前還有一件事情要注意，請孩子在做過題目之後自己先對答案，對過答案之後要先找詳解。有時候明明是很簡單的題目，有些孩子卻懶得找答案，因為覺得：「反正有老師可以問。」一次端出幾十個問題，每一題都要講解個十分鐘，那有再多時間也問不完，沒有效率並且浪費時間，以前我在補習班當國文輔導老師時，還有學生只是要問一個字是怎麼唸的，排隊排了半個小時，但這不是查字典比較快嗎？

不過，要是孩子自己努力過後，還是找不出詳解，一定要「卯起來」問問題。我在準備大學聯考時，在學校問老師、同學，在補習班問補習班老師，最後知道有一個補習班同學提早推甄上大學後，他每個星期六會到補習班附近看漫畫，每次補習完來不及問老師的題目，我就抱著參考書到漫畫店找他問，連漫畫店老板看到我都知道我不是來看漫畫，是來找人的。

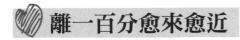

## 離一百分愈來愈近

　　我在上課的時候都會和學生們分享一些以前唸書的經驗，他們總會覺得不可思議，他們認為如果英文或數學一直都考二、三十分，直接放棄還比較快，這正是人類怠惰的本性，而我都會告訴他們，因為我這個人個性很叛逆，愈是困難我愈要挑戰。

　　但是挑戰不是每一次都會成功，有時候也會灰頭土臉，只是秉持著「在哪裡跌倒就在哪裡爬起來」的心態，當我發現目前能力還沒有辦法達到我要的目標時，我也不會硬是要到達那個目標，有時候我會階段性的設立成績標準，讓自己好過，也讓自己漸漸有了信心。

　　一開始是小考進步，英文和數學都多了五分，我就想：「下次再進步個五分吧！」如果下一次小考又進步了五分，那代表我又達成了目標，這一天我就會快樂的去買一份麥當勞薯條，作為獎品犒賞自己一下，這是我自己一個人摸索學習時的阿Q精神，不過如果孩子身邊能有爸媽或老師陪伴，孩子知道他的努力大人都看在眼裡，這樣鼓勵的正面效果一定更大。

面對你的孩子也一樣，本來只考二、三十分，一下子要求他考到六十分，這個差距是很大的，學生對於考試都會感到壓力，六十分對目前的他是遙不可及的夢，我們可以先以六十分為遠程目標，希望下次進步十分，如果下次能考到四十分，這樣就是很大的進步了。

　　信心的建立也需要爸媽和老師共同來完成，雖然進步十分好像看起來很簡單，但學生一下子沒有辦法了解這「真的」是一件很簡單的事情，這時候我通常會分析學生的考卷，看看學生大部份答錯的題目有哪些，通常只要每個大題都多答對一題，進步十分是沒有問題的。

　　隨著影響成績因素的程度降低，加上家長和老師的協助，孩子將會明白共同設定的學習目標並非遙不可及，孩子就會有可以完成的信心，在不斷的嘗試中也許會有些跌跌撞撞，也許不會一下子就看見成績改善的效果，但至少孩子也會感受到他不是徬徨無助的。

# 18 念書總是分神，無法專心

有時候孩子不專心是因為身邊有太多令他分心的事物，有時候卻是連孩子本身也不知道導致分心的因素是什麼，只有父母和老師的協助能夠幫助他們釐清問題的癥結點，引導他們完整的吸收課業。

## Story 教養小故事

小俊的書包裡有各式各樣的文具，小俊總是在上課時東張西望，一下子摸筆，一下子摸橡皮擦，一下子又轉頭想拿旁邊同學的東西。當爸媽知道了，責備小俊上課不專心，更威脅將來不再買玩具給他，小俊一把鼻涕一把眼淚的說：「我也很想專心啊！可是不知道為什麼都沒辦法一直看黑板啊！」

## 這個摸一下，那個也摸一下

我曾經有過一次失敗的家教經驗。當時我的學生成績都排在最後幾名，但我發現他社交能力很好，對人的觀察力也很敏銳，當我假日一大早起床到他家上課時，他會突然問我：「老師，妳最近過得好嗎？」我反問他：「普普通通，最近沒什麼特別的。為什麼這樣問我？」很少有人會問我這樣的問題。他說：「因為我覺得妳看起來臉色不大好。」我才知道，敏銳的觀察力讓他發現我有不對勁的地方，而那幾天我才因為備課沒睡好。

按照一般情形而言，擁有觀察力的孩子在學科上的表現不會太差，因為擁有觀察力，自然會注意到許多小細節，老師在台上教的課程也會鉅細靡遺的吸收，但這個學生之所以成績不好，只有一個原因：「上課不專心。」

他上課不專心的狀況不僅僅是和同學聊天，自己把玩著花俏的文具，唸書的時候開電腦一邊上網玩「勁舞團 online」和網友熱烈互動，連我一對一上課的時候也會天外突然飛來一句：「老師，妳喜歡羅志祥嗎？」不要說看一本書，就算只是一篇文章、寫三百字的作

文、算一題計算題、默背一小段文章，他都沒有辦法完整的做完。

有時候應付他的不專心到無計可施時，我會直接問他：「你可以先不要想這些事嗎？」「你覺得你自己成績想達到什麼樣的標準？」當媽媽發狠把電腦線路都拔掉的時候，他也會哭喪著臉說：「我也想把書唸好，但就是考不好啊！」雖然我努力的準備各種不同的授課方式，但因為他不專心的狀況實在太嚴重，我怎麼努力都沒辦法增加他對於學科的興趣，提升他的專注力，好像怎麼樣也沒辦法教好他，只好和他媽媽商量停止家教的事。

當時只覺得這位學生很聰明，只是經常不專心，還沒有認知到可能有其他因素導致他成績不好，現在回想起來，他可能長期以來都有過動的傾向，但家長沒有發覺，學校老師也單純認為只是一般的不專心，沒有多加注意。當然，有時候也有可能是孩子進入專注所需的時間比較長，或者也可能是家長、老師的耐心不足，無法「等待」孩子進入專注的狀態。

以我那位學生的情況來說，兩個小時的課程有一半以上的時間都是他的專注力凝聚期，過了大概一個多小時才開始邁向「專心」的階段，但大概最後二十分鐘左右，他已經開始想著等一下下課之後要做

什麼事了，實際上他真正專心的時間可能不到二十分鐘。

還有一次家教試教，對象是四歲的小女孩，我問家長為什麼要請家教，因為很少有年紀這麼小就要請家教的，原來媽媽本身也是全職家庭主婦，請家教其實只是希望孩子提早在起跑點上開始跑。

但因為這孩子以前參加過全腦開發課程，變得很好動、靜不下來，第一次上課的時候，根本來不及準備各式各樣的教具，孩子無法把注意力放在我身上，又因為孩子還太小，媽媽隨侍在側，結果這女孩從頭到尾一直黏著媽媽，對她來說我不過是個陌生的阿姨，即使先前媽媽已替孩子買了一堆教具，那些教具我不但沒有試用過，且孩子老早就因為玩過而已失去新奇的感受，既引不起孩子對我的注意力，又多了讓孩子不專心的因素，這個過程當然是失敗的。

後來媽媽大概也想放棄了，所以離開當時正在教學的房間，媽媽離開後，孩子才開始聽我說話，我也開始跟她說話，然後再把「無聊的」教具拿掉，改成用當時房間裡的各種物品教她說話和表達，課程目的就達到了。像這些孩子，不專心的情況雖然和過動兒有些類似，但事實上只要仔細觀察和對照每一種狀況排除的表現，就可以初步確認是否有過動傾向，家長也不用太過擔心。

# 孩子不會告訴你為什麼不能專心

當孩子有強烈不專心的情況時，一邊排除每一項使孩子不專心的因素，一邊觀察每一次排除影響因素時，孩子專注力的提升是否有較大程度的差別。當我一邊教學時，一邊拿走學生把玩的花俏文具，一邊拿走他的偶像照片，一邊拿走他手上的滑鼠，把電腦螢幕關掉，學生的注意力就會提升一些。

不過前面提到個案的學生，每一次我把她的分心因素拿掉之後，過一會兒她又會再從書包裡拿出不一樣的花俏文具，並且一一向我介紹。曾經有次上課，當把她所有東西都堆到我這裡的時候，我身後光是各種不同圖案的便條紙已經疊到大概三、四十公分高了，而這還沒算上她原本滿滿兩個筆袋的，各種不同粗細、長短的原子筆。

至於那個四歲小朋友，在「媽媽」這個最大的影響因素離開之後，開始注意聽我說話，我要傳達的上課內容才進了她的耳朵，但因為孩子年紀小，也不好當場請媽媽離開，因為在不確定這麼小的孩子對於媽媽的黏度有多大時，讓媽媽離開也可能造成孩子的恐慌，還好家長因為放棄請家教而離開現場，不然我也不會發現孩子其實因為這

個環境是熟悉的，反而不會害怕媽媽暫時離開的影響，媽媽的存在卻成為她不專心的因素。

由於過動傾向變得明顯，大部份都是在孩子開始上幼稚園或小學時，因為課程上有寫字和閱讀等靜態課程，透過老師的反映，家長才會赫然發現孩子不夠專注，所以家長和老師的良性互動對於協助孩子在學習路上的前進是絕對有幫助的。

孩子自己沒辦法講出他為什麼不會專心，他只能判斷自己覺得有趣的東西，而他的注意力的確放在那些有趣的事物上，我們必須一一觀察他們的行為，才能夠比較出孩子是否有什麼學習上的困難。

當孩子難以專注時，爸爸媽媽們可以多耐心觀察一段時間。以閱讀來說，觀察孩子是否對於其他類型的書籍比較能發揮專注力，如果是過動傾向而無法專注閱讀，那麼也無法持續長時間的閱讀其他不同類型的書本，並不單單只是課本而已。我們也可以透過其他一些行為模式，來觀察孩子是否有這方面的問題，例如：吃飯、睡覺、看電視、寫作業、畫畫、進行靜態或動態遊戲等等去觀察孩子的好動程度。

　　如果你的孩子上課不專心的狀況持續，在教養方面已經感到相當地困擾，而擔心是否可能有過動傾向時，應該儘早向身心科醫生求助，經過詳細的測驗可以進一步判斷，提早解決孩子學習的問題。但同時也有資料顯示，有時候在醫生進行是否過動的測驗時，孩子的心情好不好，願不願意配合醫護人員的指示進行專注力測驗，都會影響測驗結果，當孩子情緒不好，就不願意妥善配合，這樣的測驗結果就變得不準確了。

　　根據統計，目前台灣「有過動傾向」的兒童比例約有百分之三至九左右。以台灣每年約二十萬名新生兒的人數來看，每年至少約六千個孩子會讓父母或老師覺得他們可能注意力不集中、好動等等。像前面舉的例子，因為後來沒有繼續當這些學生的家教，後續的狀況不得而知，僅憑這些少許的徵兆並不足以判斷為「過動兒」，但是如果等到孩子已經讀到國中，就算向醫生求助，治療的黃金時期也已經過去了。

　　過動兒在學校中經常也是備受矚目的焦點，有時這種聲音則來自其他受到打擾的學生和家長，造成學校極大的不安和困擾。許多專家學者都發現，巧妙的運用班級經營的策略，不但可以改善過動兒的行為，發現其潛能，建立自信，還可以讓同學行接納進而一起協助過動兒學習。

在特殊教育法的規定中，過動症並不屬於其中一個類別，除非孩子符合現存各類障礙的界定，如學習障礙、性格行為異常、身體病弱等，否則也只能留在普通班和一般學童一同學習。所以，當我們身邊有這樣的孩子時，更需要付出愛心、耐心，陪伴他們一同成長。

## 你的孩子是過動兒嗎？

根據美國精神疾患診斷標準（DSMIV）指出，「過動症」其實叫做「注意力缺失過動症候群」（Attention Deficit／Hyperactive Disorder），「過動兒」又稱「注意力欠缺過動兒」，是指在 7 歲前發病、在兩個或兩個以上的場所（如：學校、家庭、工作場所）造成社會、學業、職業功能上的損害，而且是非其他發展疾患、精神疾病所引起的。過動兒在平日生活上，會有以下症狀：

一、注意力欠缺：生活上常常粗心大意、易犯錯；很難持續專注在某樣工作或活動上；講話時常心不在焉。

二、過動：任何時候及場合，手腳總是動來動去、爬上爬下，很難安靜下來；話很多。

三、衝動：個性急、無法等待；不顧危險……等。

　　這三種主要特點，並不一定會完全發生在同一個孩子身上，尤其有一類型的過動兒，是以注意力缺陷為主，因為沒有過動的行為，也沒有衝動的情緒，更容易被忽略。注意力缺失從外表不容易察覺，再加上國內有關的資訊不是很普及，因此，一般人總是誤會他們是「缺乏管教」的「壞小孩」。

　　其實過動兒一般十分熱心、沒有心機、很少存心害人、喜怒立刻形於色、不會做作。欣賞他們的優點，忽略他們的缺點，是對待過動兒最好的方式！我們必須了解到注意力缺失過動症，是因為孩子在生理上的缺陷，造成腦部在發育的過程中，自我控制出了問題，導致大腦功能不協調。

　　我們可以想像一下，在過動孩子的腦部有兩套系統，一個煞車系統和一個加速系統，有過動症狀的孩子就是腦部的煞車系統出了問題，造成他們只會猛踩油門，卻無法啟動煞車系統，一旦煞不住車，自然很容易撞倒別人而闖禍。

目前在台灣治療注意力缺失的藥物中，Retalin（利他能）是主要的藥物，用藥的機制不是在於用鎮定劑讓孩子靜下來，而是在於使腦部煞車系統正常的運作，避免孩子產生過動而難以控制的情形，除此之外，還需要學校教育的配合，老師適當的教導，以及父母在教養態度上的調整。

輔導這類孩子的第一步是主動去了解孩子的問題和困難，先問「為什麼」，才有可能談「如何」輔導。老師不會因為他特別吵鬧而排斥他，而父母能夠轉變本來的態度欣賞孩子本身特有的優點，也有助於改善緊張的親子互動，使孩子人格氣質有正常的發展。

當孩子有好的表現，我們要立刻給予正面的回饋，包括讚美、鼓勵或是身體上的擁抱，要專一且清楚，盡量緊接在好的行為發生之後，這樣對過動兒發展好行為，以及養成良好的習慣有很大的幫助。愈能提供孩子即時的回饋，對過動兒的問題行為改善越有效。

同樣的在孩子吵鬧或出現不好的行為時，要針對某一個負面行為，明確的根據孩子能夠理解的程度來告訴他，讓他很清楚的知道什麼樣的行為是不好的。有時也可以不予理會，採取削弱的方式，故意不予反應，以免造成負面行為的增強。心理學上常利用正面增加、負

面削弱的方式，反覆協助注意力缺失的孩子建立正常的行為模式，長大之後隨著改善引導的方式，以及腦部發育漸漸成熟，過動的表現會隨年齡增加而減輕。

在管教的過程當中，必須注意的是，父母親與其他長輩對於孩子的要求標準必須一致，不能因為對象、時間或情境的變化而改變對孩子的要求和期待。其次，要訓練過動兒知道這些原則和後果，儘可能讓在家施行的原則也適用在家裡以外，否則會造成孩子的比較和價值判斷的混淆，無所適從。

我們可以利用和孩子互動的過程中，讓他自己思考如何利用本身的能力，增強自我的行為控制。既然過動的小孩精力過盛，坐也坐不住，那麼就盡量使他有正常活動的機會和時間。可以藉著運動，或其他有趣的活動，疏導旺盛的精力，或賦予他特殊的任務，如：每天將近一個小時的劇烈運動，可以達到很不錯的效果。

儘量以平穩的態度、語調及幽默感和孩子相處。當你生氣的時候，避免吼叫或處罰孩子，溝通上要「清楚」、「單一」，說出指令後，要注意孩子的反應，確定他們聽到了，指令要用肯定句，不要用問句的方式。如：「該睡了。」而不是「可以睡覺了嗎？」用具體的

方式說：「玩具放回盒子裡。」而不是「整理房間。」讓孩子清楚地知道你的意思。

我們也可以對孩子簡單而直接解釋他們的過動現象，幫助他們了解過動現象如何影響他們，讓他們知道自己和別人有一點點不一樣，我們都要學習去控制那些不一樣的地方，讓孩子了解你們希望他盡可能做到的方式。同時也需要適時對其他家庭成員解釋孩子的問題，讓其他孩子或家人了解為什麼有些時候父母對他們的行為處理方式不同。

同時，適當的家庭環境佈置、規律的作息時間，也有助於孩子的生活習慣、注意力及情緒穩定。幫助孩子找出他們可以做得很好的活動，並分配孩子一些簡單生活事務的工作，且獎賞其完成工作的好行為。平時也可以多鼓勵孩子的「專心」、「有耐心」、「認真」、「仔細」的態度。

當簡單的事對孩子已駕輕就熟時，逐次加上孩子可負擔較困難的工作。鼓勵他們承擔更多對自己的責任。確定你設定的目標是實際可行的——期望必須先放在孩子能做到、能獲得成功經驗的事情上。指導孩子達成工作的方法，一次只給一個方法，或一個指令，否則同時

給太多指令，他們很容易發生混淆。

　　有很多過動兒的家長經常困擾的事情是，當孩子的問題活生生的呈現在別人面前或公共場所，常讓家長感到非常大的壓力。事實上，我們可以和孩子在事前分享、討論，將有助於減少問題行為的發生，萬一還是發生了，可以利用暫時帶開現場的方式，私下處理孩子的問題行為。

　　最重要的一點是，父母需保持良好的體力及精神狀況，疲倦挫折的父母在遇到孩子的問題時，當下很難立刻有適當的態度與方法。過動兒的確不容易教養，有時不妨善用社會資源，尋求專家的諮商或支持也會很有幫助。

# 19 學習一點都不有趣

　　一個從小熱愛動物，喜歡收集各種生物標本的小男孩，他的爸爸是知名的醫生和科學家，擔心孩子「玩物喪志」，大學時送男孩去念醫學院，他在醫學院學到生物和解剖學知識，並加入自然科學社團，但是由於男孩只要看到血就害怕，爸爸又將他送去念神學院，男孩只好寄情於自然科學書籍和野外採集標本的活動，特別是甲蟲標本的蒐集。

## Story 教養小故事

　　小學二年級的華華討厭上學，更討厭讀書，因為上學很無聊，坐在教室裡一整天，什麼事都不能做，只能聽老師從早講到晚，一直講、一直講。爸媽很擔心這樣的情形，並且每天都緊盯華華的學習進度。有一天，華華卻悠悠地對爸爸說：「隔壁的明明說，他從小學一年級就開始討厭上學，比我早一年呢！」在不能改變學校教育的前提下，小華爸爸有機會改變孩子對「學習」的觀點嗎？

## 炸毀學習力的地雷

「有一天，我剝去一些老樹皮，兩隻稀有的甲蟲赫然出現在眼前，我趕緊一手捉住一隻。就在這時候，第三隻甲蟲出現了，我可不想放棄牠，於是我把右手的那隻，先放在嘴裡，忽然牠排出一些辛辣的液體，哎呀！燒得我的舌頭好痛，不得已只好把牠吐出來，牠一下子就跑掉了，而第三隻甲蟲也沒有捉到。」

如果你猜想，一個會笨得把甲蟲放到嘴巴裡的人，將來應該不會有大出息吧？那你就錯了，這個小男孩叫做達爾文，他後來寫了《物種起源》，挑戰《聖經》上「生物是上帝所創造，物種是不變的」觀點，改變了世人對自然物種的看法！

事實上，達爾文一生都為了依著自己的「興趣」而努力，即使家人不贊同，他還是用無比的執著和求知的熱情，克服病弱身體的限制，堅持自己的興趣。從小獵犬號航海回來，到《物種起源》的出版，實際經過了 23 年的光陰，達爾文用無比的毅力和堅持，去完整建構他的理論。他還說：「我終身主要的樂趣和唯一的職志，就在於生物學的研究工作。」

## 制式教法磨滅孩子的學習動機

　　學習早已脫離過往的面貌，單是透過填鴨累積死知識，並沒辦法讓孩子面對日新月異的網路時代。當所有需要記憶背誦的知識，都能在網路上輕易獲得時，這一代孩子該學的是「活化知識」的學習力，並懂得分析、創造、建立知識，並將它應用在生活上。

　　那麼，什麼是「學習力」？爸媽應該如何培養孩子的學習力？

　　童年時每天像個野孩子在外面玩，自己發明玩具和玩法：拿葉子黏榕樹的汁液、磨擦發出蟬叫聲、用竹子做竹槍、用鳳仙花擦指甲……的劉美娥校長認為「對大自然和萬事萬物的好奇心和探究，其實是人的天性。」來自於興趣和動機的學習力，其實每個人天生就有！

　　最早影響孩子的是父母，等進入學校以後，就是老師。但是，許多家庭的教養方式和學校的教育模式，往往不利於孩子天性的發展。舉例來說，大人喜歡用「小孩子有耳無嘴」的態度來對待孩子，要求孩子照大人說的話去做就好；加上很多家庭的環境太好，大人怕孩子

弄髒、弄壞、弄得不好，越俎代庖幫孩子做事，使得孩子的學習機會被剝奪，沒有機會去自主地嘗試、學習、探究，孩子自主學習的動機就會漸漸消失。

等孩子進入學校後，學校老師如果只會用制式的教法，像是老師說：「ㄅㄚ、ㄆㄚ，跟我讀就對了」，不給孩子機會去嘗試，漸漸地孩子的學習動機就會消失，興趣也跟著不見，養成「我是為了爸爸媽媽，去應付這些功課」的心態。

另外，學校因為孩子多、老師還有既定的教材要教，只好叫孩子「聽我的就好」，沒時間留給孩子思考和討論，但是，思考和討論卻是學習上極為重要的過程。孩子本來很想發表他的看法，但是時間有限，所以兩三個小孩說完後，老師就說：「好了，下次再說。」可是下次又是不同的討論，於是，慢慢地孩子再也不想回應課堂問題了。

又或者，如果孩子所講的跟老師設想的答案不同時，老師就說：「那請其他人來說。」如果講的答案跟老師不同，老師就不給孩子肯定，慢慢地孩子學會「附和大人的想法」，也就沒了自己的思考力、判斷力。

## 做孩子學習的良媒

《親子天下》曾經做過一項調查，在可供複選的選項中，78% 的孩子用功讀書是為了考上好高中，43% 的孩子是為了讓爸媽高興。

與其緊盯著孩子的學習進度，每天問孩子考試準備好了沒，功課寫好了沒，努力為孩子在課後安排各種補習，讓孩子覺得「書是為爸媽念的。」倒不如斧底抽薪，從根本改變，找回孩子主動學習的動機。

達爾文的故事足以印證，英國知名哲學家史賓塞的說法：「沒有什麼比滿足孩子的興趣，更有吸引力，也沒有什麼比興趣更能讓孩子忍受，哪怕是吃苦受累。」

劉美娥校長也同意地表示：「興趣真的很重要！有了興趣，注意力、持久力……也會跟著來。」所以，爸媽應該要有技巧地誘導，讓孩子對萬事萬物產生好奇。探索和體驗，往往是引發學習興趣的重要過程，比方說孩子從玩之中發現科學的真理，比如玩顏料發現顏色的混合結果、電池為什麼能讓車子動……

　　沒有讓孩子在學習中「玩」，只告訴孩子標準答案是什麼，趕快背起來，孩子自然會不喜歡學習。爸媽也要知道怎麼跟孩子玩，不可以有自己設想好的步驟，要求孩子一定要照著順序做，或是說「喔！你真笨，怎麼玩那麼久。」、「怎麼那麼差，都弄不好？」，否則會讓孩子興趣缺缺。

　　針對爸媽頭痛、孩子挫敗的寫功課問題，劉校長分享過個人的成功經驗：「就像相親要留下第一次的好印象，學習的開始，也要讓孩子覺得有趣！」當孩子初次踏入寫功課的船上，爸媽一定要好好地把寫功課的環境佈置起來，可以替孩子放個音樂、或是讓孩子吃一些點心休息一下，再開始寫。爸媽要用心、有耐心，一開始從頭陪到尾、慢慢地只陪一半……，步步為營地訓練孩子獨立寫功課。

　　學習不一定是「快樂」的相反詞，就算是學注音符號、英語字母，其實也是可以從遊戲中來學習，比方說把注音符號做成卡片，親子一起玩，讓孩子覺得有趣，等到要寫時就比較不會痛苦。千萬不能只叫孩子寫，或是孩子寫不好你就擦掉。

　　九九乘法表也是，不讓孩子知道為什麼「$2 \times 2 = 4$」的原理，只要求孩子背九九乘法表，把數學的定理「灌」給孩子，要求孩子說：

「今天要背，明天就要考，考不好就……」還加上懲罰，孩子自然會一點興趣和動機也沒有，覺得「念書真討厭！」

##  建構樂於學習的家庭氣氛

除了消極性地「應付」學校的課業，爸媽還要替孩子建構樂於學習的氣氛。學習不等於學校的功課，我們的孩子也不是上了學才開始「學習」，如果刻意將學習與生活分割開來，特意頻繁地再送孩子去「小小科學營」、「小藝術家之旅」……結果往往弄得大人和小孩都疲於奔命，沒有辦法好好地過日子。

關於學習，其實可以很生活的，曾任信誼基金會實驗托兒所所長的陳澤佩老師分享她的心得，建議爸媽只要「陪他玩→找出有興趣的面向→提供進一步需要的工具」，就能建構樂於學習的家庭氣氛。

孩子的學習是很生活的，只要爸媽願意陪孩子玩，就自然能知道孩子在探索、發現什麼。順著孩子的興趣來走，當孩子對什麼有興趣時，你就跟他一起觀察、討論，跟他一起想，就好了。比方說，當孩子喜歡玩車子時就陪他，不要認為孩子一直玩車子不好，應該要玩積

木才行。順著孩子、跟著他，看他做什麼，跟他一起玩，就是最好的方法。

順著孩子的興趣，提供適齡的工具和相關的書籍給孩子，比方說當孩子喜歡自然觀察時，可以提供孩子放大鏡，讓他可以更深入地觀察自然界。給放大鏡會比提供一個顯微鏡更好，用顯微鏡的話，爸媽可能因為擔心孩子不會使用，從頭到尾提醒孩子：「不可以這樣」、「這個會破掉」……，反而干擾孩子的探索。

生活中其實處處是學問，比方說：洗澡時在澡盆中或浮或沉的各式玩具，就隱含浮力概念；幫媽媽煮菜時，菜餚的搭配，能促進數學、化學、美學的概念……，陳澤佩老師提醒爸媽：「家長不要給自己太大的壓力，好像每個禮拜都一定要陪孩子探索。只要願意、有空就好好地陪孩子就好。」

只要爸媽能提供時間與空間，讓孩子盡情「研究」周遭的各種事物，滿足孩子的好奇心，並獲得知識，其實就是最好的學習家庭氣氛呢！

# 20 分數就是一切

媽媽問孩子：「你數學考幾分呢？」孩子說：「考 85 分。」媽媽說：「怎麼考那麼差！」孩子回答：「可是，我國語考100 分喔！」媽媽說：「那一定是題目出得太容易了。」打從孩子進了學校，考試的成績往往掌控家庭氣氛—考得好就是闔家歡樂，考得不好就進入低氣壓，等待另一個好分數來吹散。

## Story 教養小故事

每次考試前，美美都很緊張，一邊準備考試的同時，一邊擔心萬一考不好，爸爸媽媽又會生氣，結果，越是緊張越是容易出錯，常常錯在最簡單的題目上。爸爸媽媽看了考卷就生氣：「怎麼這麼簡單的題目，還會寫錯？」、「為什麼這麼粗心？」美美真希望這世界上沒有「考試」這件事，這樣她的爸媽就不會變成噴火龍。

## 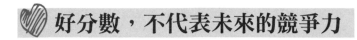 好分數，不代表未來的競爭力

為了追求更好的考試成績，爸媽不惜花大筆金錢，將孩子送到安親班、補習班去，「用力」將孩子的成績補起來。根據統計數字，過去十年全國補習班的數量成長超過五倍，補習班的招生年紀也逐年下降，從針對升學的國中生，下移到國小學生，甚至學齡前的孩子，也早早被送到補習班去。

而這些補習班與安親班，也的確使出全身解數，設法在「成績」上安家長的心，努力出考題、功課給孩子，甚至常會在學校的月考中，聽到孩子不經意地說：「這跟安親班寫的考卷一樣呢！」

花了這麼大的力氣，將孩子的成績拉拔起來，孩子真的比較有能力嗎？據《商業　周刊》的報導，OECD（經濟合作暨發展組織）2006 年的 PISA（學科與相關能力測驗）中，台灣學生的數學分數是全球第一名，科學分數全球第四名，但自我評價卻是倒數第四名。

從這個全世界最大規模、最有權威性的學生測驗結果來看，這種「第四名」現象，顯現台灣孩子的「成績好，但是自信不足」，這將會影響孩子未來探索世界的動力，使孩子欠缺持續學習的能力。

「孩子度過無憂無慮的童年後，必定會走進學校，進行各種有系統的課程學習，學校又總是和考試密不可分，有考試就會有優劣、勝負……一個受到這種刺激而學習的孩子，容易失去學習和求知本身的樂趣，他很少去發現知識，相反的，他會不斷地去滿足標準答案……」

上面這段話一針見血地描述「分數」和「失去學習樂趣」的因果關係，是英國知名哲學家史賓塞於一百年前所寫下的，如今讀起來還是相當符合現代學校教育的病徵呢！雖然過了一百年，全世界孩子的學習還是「受困」於分數至上的迷思。

史賓塞提出的解方是：「我建議所有的父母，不要太看重孩子的考試分數，儘管它是一個暫時無法改變的事實，應該多關注孩子的思維能力、學習方法，儘量留住孩子最寶貴的興趣和同樣寶貴的好奇心。」

對爸媽來說，不要太看重孩子的分數，可說是難度相當高的功課。連長庚兒童醫院兒童心智科主任吳佑佑醫師，也很難放下這樣的焦慮：「要說我自己不會焦慮，那不是真話。但孩子已經盡力了，你就要接受它，這是大人的功課。孩子本來就不是一個一百分的孩子，那怎麼辦呢？難道要否定孩子存在的意義和價值嗎？孩子存在的意義

和價值，絕對不是用他考了幾分來決定的。」

　　每個孩子的學業成績是不同的，爸媽應該要練習「看到孩子的能力」，替孩子設下合理的目標，而不是每個孩子都要達到 100 分。有的孩子可能只能到達 70 分，但爸媽應該「幫助孩子去看到，哪一部分是他可以做的，哪一部分他可能努力一點就做得到，而哪一部分是他怎麼努力也做不到的。」

　　每一個大人，不論是爸媽和或老師，都應該幫忙孩子在學習的過程中，認識自己的優點、肯定自己的能力，這樣才能真正提升孩子的學習力。

## 找出超越分數的競爭力

　　「改變不大的學校教育，追不上世界改變的腳步」是全世界教育改革的根本認知，但是究竟什麼樣的學校教育，才能培育出下一個世代的優秀人才？這是一個還沒有標準答案的疑問。

領導哈佛大學教育改變小組的華格納教授（Tony Wagner），在他的著作中《全球成就鴻溝》提出「當學校教育所教的、考的，跟 21 世紀工作場域產生巨大的斷裂，如何改變，牽動著每個孩子未來的成就與命運。」

華格納教授提出年輕人 21 世紀必備的七大新生存技能，並率「教育改變領導小組」，過去九年在全美八大州、三千所學校撒下變革的種子，希望透過教育人員再教育，弭平成就鴻溝。透過改變學校教育，拉近與未來工作場域的鴻溝，或許是一個未來成功的契機。

該如何替孩子找出超越分數的競爭力呢？華格納教授提出的「未來職場需要的七大能力」是：批判思考與解決問題；跨界合作與以身作則的領導力；靈活與適應力；主動進取和創業家精神；口語和文字溝通能力；評估和分析資料能力；好奇心與想像力。

身為爸媽的我們，雖然無從改變學校教育的評分制度，卻可以不要隨之起舞「太過看重」分數，將焦點放在「真正的競爭力」上，比方好奇心、想像力、思考力、語文力……而這些能力，其實透過「親子共讀」就能幫助孩子培養出來喔！

## 閱讀是學習力的起點

熱愛閱讀的孩子，像是坐擁豐厚知識寶庫的管理者。

閱讀力，是一種轉化解析的能力，從前的人將知識用文字紀錄下來，讓之後的人可以從中快速獲得這些知識，也正是閱讀，讓人類得以「站在巨人的肩膀上」快速進化。

一個善於閱讀的孩子，將會成為自主學習的高手，在這個資訊普及的時代，隨時隨地可以上網搜尋相關知識，滿足自己的疑惑，或是進一步思考和分析詮釋而成為自己獨特的見解。

閱讀力也是想像力的溫室，能補足學校教育的不足──「只重視事實的灌輸與記憶，不注重橫向的連接與思考」。

比方說，孩子可能在學校背了一大堆戰爭的年代和輸贏，但是一點也不了解戰爭當時的時空環境和背景，透過相關歷史故事的閱讀，讓書中的古人「活過來」替孩子講故事，就能讓孩子更能記取歷史事件背後，古人的情感與抉擇。

透過閱讀，提升孩子的思考力，也能提升孩子的情緒管理能力和表達溝通力。閱讀讓孩子「見多識廣」，不會只困在自己的小牛角尖裡，透過引人入勝的文字，孩子有機會「觀看」不同人、事、物的心路歷程，進而覺察自己與他人的情緒，更細緻地表達自己的想法和情緒。

## 展開親子共讀的美好旅程

既然閱讀有這麼多的好處，那麼爸媽應該怎麼養成孩子的閱讀力呢？與其說「培養」孩子的閱讀力，倒不如大手牽小手，一起展開閱讀的美好旅程，不論是親子共讀，或是親和子各看各的書，都會成為孩子未來回味不已的美好回憶。以下是爸媽可以遵循的幾個重點：

### ・從小培養閱讀習慣

根據英國 Book Start 協會的看法，從孩子六個月開始，就可以開始親子共讀，研究也顯示有早期閱讀經驗的孩子，語言能力和邏輯思考力比較好。從小開始閱讀，就能「先發制人」，在孩子接觸其他更刺激的聲光娛樂前，搶先養成閱讀的好習慣。

## ・以孩子為本位

　　根據孩子的身心發展情況，提供適齡適性的書籍，比方說提供小小孩和生活經驗有關的書本，可以幫助孩子聯結生活經驗，獲得對世界更全面的了解；依著孩子的興趣，為孩子選書，比方說當孩子看過《海底總動員》繪本後，提供孩子相關的百科全書，讓他從中滿足好奇心，並能搜尋更多知識。

## ・營造良好閱讀環境

　　良好的閱讀環境，能幫助孩子感受到爸媽對閱讀的重視，也能誘發孩子對閱讀的興趣。環境包括「人、時、地」三項，其中「人」指的是愛看書的爸媽，常常手不釋卷的爸媽，最能讓孩子體會到閱讀時由然而生的快樂，進而追隨爸媽的腳步；「時」指的是閱讀的時間，將閱讀安排在家庭的作息中，不論是每晚睡前的共讀時間，或是週末假日時到書店或圖書館閱讀豐富的藏書，讓孩子有更多的時間累積閱讀的美好回憶；「地」是指家庭的居家擺設，比方孩子專屬的閱讀角落、小書櫃、上學後讓孩子有專屬的書房，都能讓孩子更自在、不受限地和書本「交朋友」。

# Chapter 5

是誰？扼殺
**孩子創造力**

人類進化史上，許多林林總總的發明與發現，就是創造力的具體表現。而心理學家也認為，孩子的創造力對其未來的發展具有極重要的作用；有好的創造力，將會使孩子得到更大的快樂和滿足，為其性格的發展帶來更多積極的影響。

但孩子的創造力並不是先天的，而是後天環境的培養形成的。每個孩子都有與生俱來的創造力，只是有些家長可能會覺得只是孩子的調皮搗蛋或惡作劇，哪有什麼創造力？但如果父母親細心觀察一下孩子，就會發現孩子身上早就有些表現是具創造力的行為。

例如：孩子沒見過的東西都要拿來把玩一番或拆解研究研究；喜歡問「為什麼」；喜歡玩遊戲……等等，都表示孩子正萌發無限創造潛力，千萬不要任意的用「恐嚇」來嚇阻孩子，抹殺了孩子的想像創造力。

為了讓我們親愛的寶貝，能夠維持與生俱來的好奇心，

勇敢地探索這個世界，並在需要大人協助時，不害怕向自己的爸媽求助，別再用恐嚇孩子的方法，來讓孩子心生害怕而卻步，就事論事地、好好地和孩子講清楚！那麼，我們也能放心地放手，讓孩子獨自面對日新月異的世界，因為與生俱來的好奇心和探索力，將能成為他應對世界的最佳利器。

還有一點很重要，由於創造力也源於豐富的生活體驗，所以建議多帶孩子去看看外面的世界，通過生動的方式讓孩子能接觸並學習到各種知識，相信定能啟發孩子更多的想像力以及創造力。

# →21 孩子，靜一靜

　　曾經許多我們確信不已的事實，像是地球是平的、太陽繞地球轉、人沒辦法飛行……，都被勇於挑戰現實，相信自己有能力改變世界的人所改變。世界的變化，絕對超乎我們的想像，在這個變化無窮的世界中，一個勇敢自信、不害怕變化、不怕挫折的人，就能不斷「進化」自己的能力，找到掌握世界的鑰匙。

## Story 教養小故事

　　小威是活動力超強的孩子，就好像廣告中那隻電力超強的兔子，整天動個不停，不是忙著翻箱倒櫃，就是在家中跑來跑去，不管爸媽怎麼拜託他安靜下來，都沒有用；還有，家中的任何大小事，不論爸媽在做什麼，小威都很有興趣，想盡辦法要加入，卻常常越幫越忙。小威的爸媽真希望有辦法能讓小威偶爾安靜一下，好讓自己可以喘口氣。

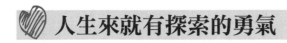 **人生來就有探索的勇氣**

隨著網路時代的來臨，「天涯若比鄰」的地球村早已是我們習慣的世界觀。然而，如果將時空往前推個六百年，在航海大發現之前，只有少數人相信「地球是圓的」，哥倫布提出向西航行到東方的計畫時，大部分的人都認為因為地球是扁的，船航行得太遠，就會從地球的邊緣掉下去，當時的審查委員還問他說：「即使地球是圓的，向西航行可以到達東方，回到出發港，那麼有一段航行必然是從地球下面向上爬坡，帆船怎麼能爬上來呢？」這個問題，當時哥倫布也沒辦法回答；但是，他終究還是成功獲得西班牙王室的贊助，成了「發現」新大陸的人，於 1492 年開啟了航海時代。

雖然，所有的人都肯定勇氣的重要性，但是仔細思量，在親子教養中，我們到底花了多少力氣，來鼓舞孩子的勇氣呢？

有句俗話說：「初生之犢不畏虎！」可見小孩是充滿勇氣的，而這樣的生之勇氣，在小小孩身上，常常也很容易被看到。小嬰兒翻身、小小孩的爬行，還有走路，一次又一次的嘗試、一次又一次的失敗，都不會讓孩子放棄努力，而後也終於成功超越自己的「不會」。

所以「我會」、「我自己來做」是多麼令人感動的一種氣魄！如果這樣的氣魄，可以一直維持到長大成人，相信孩子不論遇到多麼棘手的未來，都可以迎刃而解。

但是，你記得你的孩子是什麼時候，開始說「我不會，你幫我！」的嗎？是不是就在他還不會的時候，心急的我們，捨不得孩子辛苦、捨不得孩子挫敗，於是就說：「你還不會，媽媽（或爸爸）來弄！」然後就阻斷孩子的探索了呢？

## 「乖」讓孩子「自廢武功」

又或許，是爸媽太過擔心孩子的危險、沒有時間幫孩子收拾善後，於是就用「不行」來阻擋孩子的探索呢？

傳統認定的「乖孩子」，不外乎是：安靜坐著、不要亂動、保持乾淨……，這些基本要求，對一個發展中的小小孩來說，簡直是強人所難。對小小孩來說，他們必須用全身的感官來和世界建立關係，他們和世界建立關係的方式是實際體驗，用眼睛來看、用手來觸摸、甚至要放進口裡嚐一嚐，才真得能夠了解「這是什麼？」遇到開心的

事、難過的事，都要手舞足蹈，好好表現出自己的觀點來。

不讓孩子動，簡直像切斷他們和世界接觸的「觸手」，妨害孩子和世界建立關係，阻礙孩子探索的步伐。擁有豐富幼兒經驗，曾在以「引導幼兒探索、發現、學習」著稱的信誼基金會實驗托兒所擔任所長的陳澤佩說過：「其實孩子的天性就是愛玩、愛探索，你一直限制他，久了他就不知道該做什麼，於是便傻傻著等在那邊。」

被孩子們暱稱為佩佩老師的她，發現有些孩子真的很乖，但是久了就會發現，當你要讓他做選擇或決定時，他沒辦法做，因為他已經習慣在那裡等。等什麼呢？等著大人來下指令，告訴他下一步該怎麼做。

數年前，種籽親子實驗學苑的創辦人也曾經出版《乖孩子的傷，最重！》提醒爸媽乖孩子常常得付出自信和自尊的代價來討好成人。為了讓大人覺得自己乖，孩子只好「自廢武功」將自己探索世界的心智和觸手，捆綁起來，才能呆呆地等大人下指令囉！

但是，這不代表調皮的孩子，心裡就沒有傷。其實，大人覺得很

吵、很愛鬧、「比較皮」的孩子，才是小孩的原來樣貌，因為，孩子就是透過語言、透過手，去探索、學習這個世界到底發生什麼事情，對孩子來說，乖乖坐著幾乎是不太可能的事情。

因為不能「乖乖」坐著，因為充滿對世界探索的想望，不願意「自廢武功」的孩子，往往也會和週遭的大人，有更多的衝突發生。而當大人和小孩的衝突展開時，孩子往往會被不斷貼上負面的標籤，自信心不斷被打擊，終於孩子不是放棄妥協，就是抱著「反正我就是不乖」的心態，決心和爸媽唱反調到底！

## 恐嚇孩子，就好比「請鬼拿藥單」

因為抱著「乖孩子」的期待，大人往往在孩子展開探索旅程時，比方說：打開抽屜，看看裡面有什麼；發現東西原來會往下掉，而將東西一扔再扔；在百貨公司中，用跑來跑去，感受空間的無比寬敞……，覺得孩子「不乖」，所以嚴詞要求孩子要「乖一點！」常見的恐嚇型句法，像是「你再不乖，警察就會來抓你喔！」、「我數到三，你再不停止，我就要生氣了！」、「不聽話的小孩，妖怪最喜歡了！」……就成為大人對付小孩子的最佳利器。

　　相信有些大人會覺得這一招很好用，尤其對於小小孩來說，用不著大費唇舌講些大道理給孩子聽，只要說：「警察來了！」馬上見效，但是阻止孩子的是恐懼，而不是因為孩子了解到「我這樣做不可以！」雖然可以讓孩子停止大人眼中的「不當行為」，卻沒有達到教育孩子的目的。

　　常被威脅與恐嚇對待的孩子，只會處於莫名的惶恐中，由於無法從恐嚇中學會思考與判斷「什麼行為才是正確的」，自然也無法放心地嘗試和世界建立關係，自然也會對孩子的人格塑造形成不良的影響，讓孩子變得膽小、怕事，嚴重的話，甚至會造成身體上的傷害，比方造成內分泌失調，或是消化系統的疾病。因此，千萬不要用恐嚇法來「教」孩子，這只會像是「請鬼拿藥單」，越醫病越重呢！

## 就事論事，讓孩子學會判斷與理解

　　但是，為人父母的也不可能因為怕損害孩子的探索勇氣，於是就「自廢武功」什麼也不管，放任孩子愛做什麼就做什麼，這樣的做法，對孩子來說，絕對不是個好方法。

身為一個心智還在發展中的個體，孩子其實一點一滴地在探究這個世界，過程中，爸媽有責任告訴孩子什麼事可以做，什麼事不可以做，協助孩子判斷什麼該怎麼做、什麼不該做，正向地處理事情。

佩佩老師給家有「小小探險家」爸媽的建議是，先放下「孩子總是給我找麻煩」的成見，「接受孩子本來就是這樣」，自然就比較不容易火冒三丈，再來談談接下來該怎麼處理。

處理孩子的問題，不是一味地告訴孩子「不行」，或是恐嚇孩子說：「好好跟你說，你聽不懂，一定要人修理你嗎？」「再玩火，警察就會把你抓走。」這樣只會讓孩子產生莫名的恐懼，可是爸媽最希望孩子學到的道理，卻全然沒有接收到。

處理孩子的問題時，大人應該先問孩子：「你為什麼想玩這個？」然後再用孩子能夠理解的話，慢慢跟孩子說：「我不喜歡你做⋯⋯」比方說，當孩子玩火的時候，你可以對孩子說：「我不喜歡你玩火柴，因為你可能會把房子燒掉。」讓孩子知道他是為了什麼原因，做了不正確的事，可能會造成什麼後果。

說完之後，還可以問問孩子：「你聽懂了嗎？有沒有問題想問？」⋯⋯透過這樣的過程，讓孩子學會怎麼思考「危不危險」，將來也才能夠舉一反三，做出保護自身安全的正確判斷。

除此之外，如果在家裡，爸媽老是覺得孩子這也不行、那也不行，這時爸媽就應該重新考量，你們家的設計是否符合孩子的需求呢？

除了要給孩子適齡的玩具，更為孩子打造安全適齡的居家環境。當環境變得安全，減少孩子發生危險的環境因素，爸媽就不會因為緊張、不放心，老是覺得孩子愛製造麻煩，自然可以大幅度減少親子間的衝突。

# 22 乖乖坐著就好

　　孩子們最愛的下課遊戲，就是呼朋引伴，在操場上呼嘯來去的這樣玩不膩，班導常常笑他們：「你們精力太旺盛了！」然而，老師或許沒有覺察到，這樣的遊戲行為，說不定正是宅世代孩子的一種無意識反撲行動呢！當宅男與宅女的名稱已成日常的常用名詞時，赫然發現，原來我們早就過著這樣的生活型態。

## Story 教養小故事

　　小姿是爸媽心目中的乖小孩，從小當別的孩子老是靜不下來，出門玩總是弄得全身髒兮兮才回來的時候，小姿總像童話故事中的優雅公主一樣，乾淨又整齊。但是，等到小姿上小學以後，爸媽發現小姿常常容易累，寫功課寫到一半，便開始字跡潦草，出門玩的時候，走到半路就想回家……。小姿的體力極弱，讓爸媽感到有點憂心，學習和人生的路還這麼長，總不能走到半路就停下來休息吧？

## 宅，讓小孩連自己的身體都不認識

　　不是宅在家，就是宅在公司，連通勤時也都是坐車，普遍運動不足的結果，也影響現代人的疾病面貌：過去的主要病因，已由過去的傳染疾病，轉為與生活型態關係密切的慢性疾病，與身體機能退化性疾病，如心血管疾病、糖尿病、肥胖、下背痛、骨質疏鬆、甚至某些癌症，都與缺乏運動有關！知名的日本健檢界國寶日野原重明醫生，花了十幾年倡導，終於讓慢性病更名為「生活習慣病」，用以提醒一般民眾留意自己的生活型態。

　　不只大人如此，連孩子也無法倖免。曾有一項調查：台灣地區幼兒及兒童靜態活動的調查研究顯示，3 歲以上未滿 12 歲的孩子，每日花近 3 個小時從事看電視、DVD、看書、打電腦等靜態活動，假日甚至可達 5 小時，加上孩子在校上課多半也從事靜態活動，我們的下一代每天花三分之二以上的時間，不是坐著就是躺著。這些「乖乖坐著不動」的孩子，付出了什麼樣的代價呢？

　　媒體大肆報導著肥胖兒、高齡慢性病（如：高血壓和糖尿病）越來越年輕化，越來越多的孩子，因為不良的生活型態，付出健康的代

價。更讓人擔心的是，處於身心還在發展中的孩子，多數從事靜態活動，少有動態活動的「發展偏食」，是否會影響孩子的心理發展呢？

以小小孩為例，他從認識自我的身體開始，發現「這是手」、「手可以這樣動啊」，然後，開始建立對自我的了解，學習掌握自我，獲得自信，下一步才是和世界建立關係。

但如果孩子對自己的身體很陌生，除了坐著以外，身體可以跳多高、跑得多快、能有多大能耐……等，通通沒有機會體驗的話，自然無法掌握自己的身體，無法自信地面對外在的世界，對於陌生的環境和情境，也會抱持著少碰為妙的心理，那更別提探索世界的勇氣啦！

## 運動，也能為親子關係增溫

為了喚醒大家對「動身體」的自覺，成立至今已經超過 10 年的雲門舞集舞蹈教室，創辦人林懷民老師認為「身體是個小宇宙」，動身體，是一輩子的事情，身體是了解自己、探索世界的最重要媒介。想要給孩子探索世界的勇氣，不妨就從全家一起建立運動習慣開始。

　　國內外的各種研究也不斷指出運動的各種好處：運動幫助成長中的幼兒，促進大腦整合；運動幫助人體新陳代謝，排掉不良因子，吸收營養，還能促進孩子的骨骼生長，讓孩子成長得更好；運動能加速血液循環，傳送更多的血紅素到腦中，增加孩子的學習效率；運動也能讓孩子紓解壓力，讓腦部分泌快樂荷爾蒙，讓孩子感到放鬆、愉快。

　　但是真正「起而行」的家庭並不多，根據《康健雜誌》曾做過的一項「兒童身心健康及家長教養態度大調查」顯示，有四分之一之上的家庭每週幾乎沒有帶孩子去運動，而每週運動三次以上的家庭，只佔了 7.6%。

　　為什麼小孩要運動這麼難呢？很明顯地，和大人沒有運動習慣有關，雲門舞集舞蹈教室曾針對 20 歲以上民眾所做的「身體白皮書」調查報告中，發現有四分之一的受訪者近一個月內都沒有運動！

　　而在之前董氏基金會進行的「台北市與高雄市民眾運動習慣與憂鬱情緒之相關性調查」也發現雖然近九成的受訪者認為運動很重要，但只有一半的人有運動習慣，有三分之一的人在過去一個月內不運動或很少運動。

大家都知道運動很好，但似乎缺乏身體力行的動力呢！但是，為了家裡小寶貝的身心健康，爸爸媽媽應該要有更大驅動力，來建立一個「好動」的健康家庭。好消息是，運動其實一點也不困難，你不需要有國手級的水準才能陪孩子運動。從孩子小一點的時候，陪孩子散步，或到遊樂場玩；等孩子大一點後，親子還能培養共同的運動喜好，比方像是游泳、跑步、騎單車、跳繩……，這些都不用花很多的時間，只要在吃完晚飯後，撥出半個小時的時間，就能讓坐了一整天的大人、小孩伸展肢體，紓解累積一整天的壓力；在時間較寬裕的週末假日期間，還可以走遠一些，安排綠色親子遊，讓被關在水泥叢林中的大人和小孩，可以在自然的懷抱中喘口氣！

做這些平常的「活動」，就能提升孩子的心肺耐力，調整不當生活型態，減少孩子健康與體能上的傷害。比方說：騎腳踏車能提升孩子的腿部肌力、身體的平衡和手眼腳的協調能力；跳繩可以牽動肌肉和韌帶，刺激軟骨生長；就連最最家常的散步，也被醫學之父希波克拉提斯稱為「人類最好的醫藥」，已有許多研究證實，有規律的健走計畫，可增進身體所有部位的健康，例如腦部、背部、骨骼、心臟與腸胃。

更重要的是，當爸媽陪著孩子一起學騎車、跳繩等各種運動，陪

著孩子從不會到會，挑戰自己的極限，不只是身體能力與運動技巧會有所成長，更能建立親子之間「一起面對困難、共同成長」的默契，增進親子的情感與信任感。而一起運動時，所累積的快樂回憶，更能成為孩子成長路上源源不絕的成長動力。

## 戶外探險，讓煩惱也變渺小

對宅世代如臨大敵的國家，不單只有台灣，全世界的孩子也面臨同樣的問題。由於「宅在家」對孩子的身心發展都不好，美國眾議院於 2008 年通過一項叫做「沒有小孩被關在室內」的法案（No Child Left Inside Act），聯邦政府撥款協助美國兒童戶外探索教育，並提高學童們的環保知識水平。這樣的法案，很明顯地企圖同時解決兩個議題：教養出身心更健康的下一代；建立孩子與自然的連結，進而成為環境保護的種子。

在這裡，先來談談戶外探險提供孩子的種種好處。有人說：「大自然就是最好的老師。」在大自然中，當孩子可以遠離聲光設備，遠離舒服的桌椅，也就能擺脫坐式生活型態，透過爬山、健行、露營、野外探險，讓全身的肌肉自然獲得鍛練。

豐富的大自然，提供孩子全方位的五感體驗，尤其是從小生長在水泥格子中的孩子，一旦置身於開闊的自然中，「感覺」就是不一樣。戶外的光線、聲音、氣味、景像，誘使孩子打開全身的感官，去看、去聽、去摸、去聞、去探索，開啟孩子全新的感官經驗。

大自然的各種奇妙景像、開闊的空間，不論是一望無際的遠山，或是海天相連的海景，都能讓孩子感受到造物的神奇，體會到自我的渺小，更別說是渺小的「我的煩惱」囉！

當孩子因為不熟悉的觸感、事物而感到害怕時，或碰到無法克服的困難時，爸媽的陪伴與安全的保證，將使孩子願意踏出嘗試的腳步。爸媽的耐心等候，陪著孩子從害怕到面對，這種豐富的成長經驗，將能讓你的孩子學著面對困難、解決問題，建立迎接挑戰和滋長出探索未知的勇氣以及能力。

# 23 除了玩，你還會什麼？

「不要玩了，趕快去念書。」、「整天除了玩，還會做什麼？」……從小到大，這樣的話語，不知道從大人口中說了多少遍，讓每個孩子在心中暗暗立下誓言：「等我長大，沒有人管我的時候，一定要玩個痛快！」然後，隨著我們一天天長大，有一天也為人父母以後，一不小心，也脫口而出：「不要再玩了！」

## Story 教養小故事

小正很愛上學，因為上學可以有很多朋友陪自己玩，比在家裡有趣多了。小正是同學間的遊戲高手，任何遊戲只要有小正參加就會變得超好玩，不知道該玩什麼的時候，問小正總會有答案，就連去公園的時候，小正也可以跟素不相識的孩子，玩得興高采烈。放學後的時間，也不例外，常常是和同學玩到超過了晚餐時間才回家。這讓爸媽有點擔心：「這孩子整天只知道玩，長大以後會怎麼樣呢？」

## 遊戲，是孩子應享的權利

你知道嗎？孩子的遊戲權，可是於法有據的呢！根據聯合國兒童權利公約第三十一條，其中就說明了兒童有休閒、從事適合其年齡的遊戲和娛樂活動，以及自由參加文化生活與藝術的權利。

知名的兒童認知心理學家皮亞傑也深信：「兒童的思想（智慧）是來自於行為（動作、操作），而非語言。」對孩子來說，「體驗」是他們對待世界更為普遍的一種方式，透過遊戲，孩子得以盡情掌控自己與世界的關係，探索各種事物，進而擴展自己的認知能力。

除了心智上的發展，有著多年遊戲治療經驗，教導遊戲治療的梁培勇教授，在《遊戲治療》一書中分析了遊戲對孩子的重要功能：透過遊戲，孩子各方面能力也獲得提升：比方說玩跳格子，可以促進全身肌肉的協調能力；和同伴共玩，就要練習等待輪流、想辦法處理友伴衝突，促進孩子的社交能力……。

但是，梁培勇教授也認為，由於社會結構的改變、生活型態的改變、少子化的影響，加上遊戲形態的改變（電視普及與電動玩具的

興起），使得這一代孩子的遊戲機會變少，間接也造成一些兒童的問題。

幸好，近年來有越來越多人發現「玩」對孩子的重要，更有許多國家的教育團體，大聲疾呼，替孩子伸張「大玩特玩」的特權，以掌握世界脈動聞名的天下雜誌集團，更以「玩出孩子的大能力」作為旗下《親子天下》創刊號的主題。

## 玩出孩子的大能力

玩，真的對孩子有這麼多好處嗎？以陪孩子「玩」為工作的陳澤佩老師認為，孩子玩的時候，等於正在準備很多將來需要的能力。透過遊戲，讓孩子實際操作與體驗得到的知識，才是孩子帶得走的能力。

比方說，「對稱」和「平衡」是很難理解的概念，但是孩子玩積木的時候，很容易就會把積木擺成對稱與平衡的樣子；或者是當孩子在玩樂高時，會盡情發揮想像力，將樂高組成飛機、車子、變形金剛……等，就需要有數學概念，知道讓凹面和凸面組合在一起，要怎

麼組才會組成自己想要的形狀，如果要造飛機，就需要兩個機翅來保持平衡。

做美勞時，孩子透過繪畫，抒發自己的情感，表達出自己對這個世界的觀察；同時孩子也進一步使用各種工具，發現：不同的筆，可以畫出不同質感的線條；剪刀該怎麼拿才會剪得好；膠水塗多少才好黏……透過種種探索，不但促進孩子的小肌肉能力，同時也累積出他未來使用工具的能力。

在沙坑玩時，運用簡單的水桶和鏟子，孩子認真地築沙堡、挖洞，思考沙和水的比例要怎麼拿捏、用什麼方法挖沙比較省事、沙堡坍了怎麼重新開始……這些對空間概念、物理能力與耐挫能力，都有很大的助益。

當孩子和同伴共玩的時候，大家怎麼決定要玩什麼遊戲，遊戲規則要怎麼訂立、如果某人不想玩這個遊戲、或是有人不遵守遊戲規則時，要怎麼處理紛爭……這些都能促進孩子的表達和思考能力，增進孩子的社交技巧。

## 協助孩子以自己的方式玩

　　既然玩對孩子這麼重要，爸媽又該怎麼協助孩子好好地玩出能力呢？

　　由於每個孩子天生的氣質都不一樣，自然也會有不一樣的喜愛，佩佩老師建議從孩子喜歡的開始玩起，不要急著領導孩子「應該要玩什麼」，而要以孩子為中心，陪孩子玩，然後在需要的時候，幫助孩子透過遊戲擴展出能力來。

　　當孩子愛玩家家酒時，不妨放下生活瑣事，重拾童心和孩子一起沉浸在扮演的世界中，當孩子學著媽媽上街買東西，或是醫生替小病人看病時，你會很驚訝地發現：原來孩子的觀察力、記憶力、語言能力……都這麼地棒！

　　遊戲應該是有趣、沒壓力的，所以爸媽不要得失心太重，而強迫孩子玩那些你自認為更有助益的玩具，比方說，當許多幼兒專家都認為積木是很好的益智玩具時，不要一頭熱地急著要讓孩子照著某種方式玩積木，不妨用有技巧、漸進的方式，讓孩子和積木有個好的開

始，比方說，當孩子喜歡火車，就可以引導他先用積木蓋軌道；喜歡家家酒的孩子，可以給他一些小人偶和蓋房子的積木……。

此外，玩任何遊戲，孩子都有一定的發展歷程，建議你先讓孩子自由地玩一陣子，觀察孩子是否需要協助，再提供建議。比方說：其實玩積木也有它的發展階段，一開始是平鋪的、再來才是疊高，才會有立體的東西出現。

不要期待孩子一開始就玩得很好，「平疊」和「往上疊」本來就是兩個不同的基礎，有的孩子比較少玩積木，就不知道蓋橋時要架好兩個支柱，再蓋一個橫梁，比較容易成功。可以觀察幾次以後，再問問孩子：「要不要試試其他方法，看看會不會比較好？」不要在一開始，就要求孩子照著你自己指定的步驟和做法來做，破壞孩子的玩興。

## ❤ 優質玩具，兼顧「趣味性」和「創造性」

提到玩，難免要提到玩具。對於玩具，相信各位爸媽們一定都抱著又愛又恨的心情，雖然說為了心愛的小寶貝，花再多錢也值得。

但是，哪一個有孩子的家庭，不是充斥著各式各樣的玩具，而且就像「衣櫥裡的衣服總是少一件」，世上也絕對沒有哪個孩子覺得自己的玩具夠多，孩子總會想要得到新玩具。

基於「經濟能力、居家空間有限與環保愛地球」的三大前提，相信所有的爸媽都會想要替孩子買「花越少錢，玩得越久」的玩具。國內親子教養雜誌元老級的《學前教育雜誌》（附註7）在「綠玩具」特集中，提供爸媽幾個參考的方向，除了一般爸媽都會考慮到的「安全性」和「適齡性」、「教育性」外，更要注意到「趣味性」和「創造性」。

---

☆ （附註7）《學前教育雜誌》由信誼基金會出版，專門與父母討論 0～6 歲幼兒「教養」、「發展」、「學習」的議題，每月邀請專家學者，為父母釋疑解惑，是育兒的優良顧問。

---

簡單來說，設計好的玩具，應該要有「趣味性」，能引發孩子用不同方式來探索與把玩，像是球，可以變化出各種玩法來，而不是按個鈕就玩完了的玩具。符合孩子發展的好玩具，自然能吸引孩子的操作，促進孩子的能力，比方說敲打玩具台，孩子會摸索敲打的位置、嘗試不同的力道……，對孩子來說，能自己操作把玩的玩具，不僅特別好玩，還可幫助大小肌肉、手眼協調、靈巧度和平衡感等能力的發展。

　　「創造性」的最高指導原則是「越不限定玩法的玩具，越能引發孩子的想像空間，使孩子百玩不厭！」像是積木、樂高、家家酒玩具……這些都能夠成為孩子的遊戲良伴，隨著孩子奔放的想像力，衍伸出各種獨一無二的玩法來。

　　孩子受到卡通和廣告影響，常常會想要買昂貴的聲光玩具。但是坊間各種追隨卡通與潮流而生的聲光玩具，往往由於精密度高，特定性也高，往往一個按鈕一個動作，操作的趣味性和想像力都有限，孩子很容易就會玩厭，加上這類聲光玩具，常常對孩子的發展有不良影響，讓孩子習慣於「快閃」，覺得什麼都無聊，注意力也不能集中，在購買前務必要審慎考量喔！

## 有了玩具，更要替孩子找玩伴

　　最後，別忘了要替孩子找玩伴！雖然，由於少子化與生活型態的改變，這一代的孩子無可避免地欠缺「和同伴共玩的機會」，因此也較少有機會從共玩中，促進與人互動的社交能力；但是，只要爸媽能覺察到這個問題，積極採取行動，孩子還是可以從遊戲中，滋養這部分的能力。

　　建議你可以從自己熟悉的親朋好友著手，或是，參加近年來坊間很熱門的親子共學課程，結識契合的親子檔，刻意與有年齡相近孩子的家庭，一起出遊，或是互邀到彼此家中作客，讓孩子可以有機會和別人一起玩，就算是吵架也好，都是孩子成長過程中必要的養分喔！

# 24 不要再問「為什麼」了

　　俗話說：「太陽底下沒有新鮮事。」等到生了小孩以後，爸媽就發現這句話完全可以反過來用，變成「太陽底下通通是新鮮事。」在小小孩的眼中，再怎麼尋常的事物，都讓他們看得津津有味，充滿好奇，不斷發出驚嘆與疑問。

## Story 教養小故事

　　「為什麼小鳥會飛呢？」「因為小鳥有翅膀啊！」「那如果我有翅膀，是不是就能飛呢？」……每天在文文的家中，爸媽就像參加百萬小學堂一樣，天天遭逢文文的問題攻擊，爸媽一方面不堪其擾，一方面又常常不知道怎麼回答，往往耐著性子回答前三題之後，就說：「好了，別再問為什麼，等你長大以後就知道了。」可是心裡又有點不放心，這樣會不會對孩子的發展造成傷害呢？

## 為什麼，啟動學習的動力

　　孩子正是透過好奇「那是什麼？」追問「為什麼這樣？」之後，一點一滴加深他對世界的了解。好奇心是一種本能，驅使孩子進一步了解世界的運作，獲得新的知識，更是未來求學過程中，追求學問的重要動機和動力。

　　爸媽只要能替孩子「保留」這樣的本能，孩子未來的學習效果一定能夠事半功倍，因為強烈的好奇心，會引發孩子的學習興趣，產生進一步了解的動機，進而從學習之中體驗到快樂以及成就感，養成熱愛學習、主動學習的習慣。

　　但是，爸爸媽媽面對一連串「為什麼」的攻勢時，常常會因為正在忙其他的事，或是自己也弄不懂問題的答案，而不得不用三言兩語草草打發孩子，甚至會說：「有什麼好問的？就是這樣啊！」無法滿足孩子的好奇心，孩子慢慢地就喪失問「為什麼」的興趣。

　　不單單是家庭教育，學校的教育也多半不會鼓勵孩子的好奇心發展，過分強調背誦、記憶能力的課程，要求孩子把標準答案背起來，

比方說，教孩子九九乘法表、月亮的盈虧變化、或是注音符號時，大部分老師都沒有告訴孩子為什麼會是這樣，只要求孩子「背起來」就好，這樣掐頭去尾的教育結果，往往扼殺孩子的好奇心。

全球知名的化學家李遠哲教授，就曾感慨地表示：「現在的學校教育常常重視知識的灌輸，只忙著將人類已知的知識傳授給下一代，讓孩子誤以為『該知道的我都知道了』，好奇心也就沒有了，『探知的動力被磨損殆盡！』事實上，人類對世界的知識是很有限的，大人應該告訴孩子還有許多事物是未知的，還有事情是需要進一步探討的。所以在國中、小學教小孩時，應以好奇、探討為原則來帶動學習，才是對的教學方法。」

## 協助孩子保持與生俱來的好奇心

既然，由好奇心引發的探索力，是孩子學習時的最佳動力，那麼爸媽該如何維持孩子與生俱來的好奇心呢？建議你可以從下列幾個方向來著手：

### ‧給孩子豐富有趣的環境

明察秋毫的觀察力，是好奇心的前哨站，透過對事物枝微末節的觀察，孩子的好奇心與探究力自然會源源不絕。爸媽應該提供孩子豐富的成長環境，滿足孩子的好奇心，比方說居家的佈置，不妨每季更換，還可以安排孩子專屬的角落，配合孩子的興趣，提供玩具、書籍、海報……等；在日常生活中，爸媽也可以隨時展現自己的觀察力，和孩子分享自己的觀察，比方說：「你看！那裡有怪手車這樣挖馬路，那旁邊那台怪怪的車，也是挖地的嗎？」

## ·鼓勵孩子發問與懷疑

當孩子問「為什麼？」的時候，爸媽應該要肯定孩子的發問，並且試著透過對話，來引導孩子思考，先不要忙著給孩子答案，多用開放式的問句，像是：「你覺得呢？」或選擇性的問法：「如果是你，你會怎麼辦？」一起天馬行空地猜想。舉一個常見的例子來說，當孩子發現冰飲料的外側，都會「流汗」時，他可能會猜「會不會是因為杯子有洞？」你就可以引導孩子觀察水蒸氣的變化。

「大膽假設小心求證」本來就是求知的正常順序，透過這樣的經驗所獲得的答案，不但會讓孩子印象深刻，更能啟發孩子的思考力和判斷力。

## ・教孩子找答案的方法

面對孩子千奇百怪的問題，爸媽可能知道答案，也很有可能不知道答案，不要害怕讓孩子知道我們的「無知」，帶著孩子一起思考可能的答案，再介紹可用的管道，和孩子一起尋找答案，比方說上網搜尋資料、帶孩子到圖書館查資料、或是參觀博物館，都是很好的身教，示範「好奇→追問→解惑」的正面價值與意義。

面對充滿好奇的小孩，信誼基金會實驗托兒所前所長佩佩老師，經常和家長分享圖畫書的妙用。當孩子在拓展他自己以外的世界時，自然會產生很多好奇，像是「我從哪裡來？」、「人為什麼會死掉？」……針對這樣的大哉問，很適合透過相關主題的繪本，從這些書籍中貼近孩子生活經驗的角度和語言，增進孩子的生活常識和知識，並引發孩子進一步思考和討論。

有時，當孩子一再問你「為什麼」時，有可能是無法理解你的說法，或是其實已經懂了，但是還想要再確認一下。針對前一種狀況，各位爸媽就要花點心思想想看，能不能換個說法，用更貼近孩子的經驗來解釋；如果只是想確認答案的話，你甚至可以反問孩子：「你覺

得這是為什麼呢？」聽聽孩子的說法，「驗收」孩子理解到的內容是什麼。


## 另一種「為什麼」的應對法


除了對世間萬物的好奇所引發的「為什麼」，還有一種「為什麼」也是爸爸媽媽常常會遇到的喔！比方說，當孩子想在飯前吃餅乾時，他會問「為什麼不行呢？」或是，在一大早趕著出門時，問你：「為什麼我要上學？為什麼不能待在家裡？」……


這種涉及規範的問題，當孩子重複問著「為什麼」的時候，他要的不是一個未知的答案，而是由於這個答案和他的需求衝突，他想試試看能不能透過問題，來改變爸媽的決定，針對這方面的「為什麼」，爸媽的應對法也應該有所不同。


美國紐約「父母輔導工作坊」的創辦人和執行長南茜・薩梅琳（NancySamalin）稱孩子的這種行為叫「砂紙技巧」，描述孩子一問再問，一問再問，直到爸媽的耐心全部磨掉。當爸媽的解釋孩子無法接受時，花越多時間解釋的爸媽，越容易生氣。

面對耐心全被磨光的爸媽，人本教育基金會謝淑美總會這樣提醒爸媽：「孩子不是故意漠視你的解釋，更不是存心唱反調」，而是因為孩子需要更多的時間來理解。爸媽要盡量講清楚「為什麼要如此」的理由，相信孩子基於了解和對你的在乎，會納入他的考量。在此同時，你還要更有耐心一點。

　　對身心還不夠成熟的孩子來說，他一定會從自己的感覺出發，等自己的感覺被照顧好了，才有辦法理解別人的感覺和事情的道理，比方說，當你跟孩子說「吃飯前不能吃糖果！」孩子雖然聽到了「不可以」，但是「很想吃、很想吃」的心情，會讓孩子想再試試看，有沒有可能「盧」到，爸媽要有雅量接受孩子的「暫時」做不到！

　　當孩子處於這樣的情緒時，孩子和大人多半也沒辦法心平氣和地談「為什麼」了。建議爸媽千萬不要責備孩子說：「到底要我講幾次，你才聽得懂啊？」請保持冷靜、堅持立場，溫和地再次重申自己的立場：「我知道你很想吃，但是現在還不可以吃糖，你要不要幫我準備晚餐的餐具，這樣子我們可以快點開動，等吃完飯你就可以吃糖囉！」將焦點從「為什麼不可以」轉移到更有建設性的「怎麼可以快點吃到糖」，這樣的說法，你的孩子也更容易接受喔！

# 25 重用3C保姆

　　由富邦文教基金會的「全國兒童媒體使用行為研究調查」結果顯示：國小兒童每天只有不到 4 小時的閒暇時間裡，有 3 小時花在媒體上，包括平均講手機的時間近 9 分鐘；上網約 47 分鐘，電玩約 49 分鐘，看電視 70 分鐘，但看書的時間則只有每天不到 6 分鐘。這也間接造成孩子的「不知道怎麼玩」、「沒有時間玩」，使這一代的孩子從主動的探索者，變成了被動的接收者。

## Story 教養小故事

　　亮亮是小小電視迷，從小只要有人打開電視，亮亮就會坐在電視前看得目不轉睛，不管是卡通也好、綜藝節目也好，樣樣來者不拒。亮亮的媽媽忙著做家事、煮飯時，就打開電視讓亮亮看，媽媽省事，小孩開心，一舉兩得。但是，最近亮亮的媽媽聽說「看電視會影響孩子的發展」，擔心自己會不會造成無可挽回的錯誤呢？

# 電視關機、腦袋開機

知名的腦科學專家洪蘭博士，家裡就沒有電視。專攻認知神經學的她，深知電視快速跳躍的畫面、閃爍的絢麗色彩容易凍結孩子的思考能力，所以寧願把孩子帶在身邊看她做菜，也不想讓電視陪孩子長大。

洪蘭教授更提到：從實驗中知道，如果兩分鐘內有十次以上剪接、忽遠忽近的畫面，你的大腦會「overload（超載）」，甚至「過勞」。本來想放鬆才看電視，沒想到愈看愈累，最後變成耽溺沙發上的馬鈴薯（couch potato）。如果以兒童福利聯盟提供的調查數字來算，如果不看電視，每週我們的孩子就能空出 17.5 小時來從事不同的娛樂方式，這 17.5 小時的時間如果用於親子互動，比如說可以用來親子共讀、親子共同 DIY、親子運動……就能大大提升親子關係的品質！

根據以往的調查研究發現，電視兒童不僅易有近視、肥胖、心臟病、注意力不集中等問題，長大後出現物質濫用、未婚懷孕、暴力犯罪的風險也會增加，也有人指出看電視的孩子容易變壞是因為受到電視節目的影響。而且常看電視節目的孩子也會因為視聽的享受，降低對大腦前額葉的刺激，導致情緒控制力不佳，形成過動的症狀。

但在現在這個社會，哪個孩子不看電視？看電視對孩子們來說，同時也增加了和同學之間的話題，你可以禁止自己的孩子看電視，卻無法禁止別人的孩子看電視。孩子也會好奇，為什麼他們都有看過那些電視節目，而自己卻沒有，和同學之間少了共同話題。

雖然對於大人來說，我們可以自由選擇自己想要看的節目，但對於兒童或青少年來說，他們可能就不知道要怎麼去做選擇，又或者他們覺得好看的，大人們覺得不健康，大人們覺得內容健康的，孩子們卻覺得「不堪入目」。

這就像挑食的孩子一樣，只是對於電視節目，變成大人要花心思替孩子篩選，更需要引導孩子怎麼選擇節目的態度，而不是一味的禁止或放縱。挑選電視節目其實是有一些標準的，現在大家家裡可能都有裝設第四台，我有聽說過家裡為了孩子升學怕孩子分心而不裝第四台的，但這才真的虧大了，因為現在很多好節目只在有線電視台才有播放。

當孩子在看電視的時候，大人也可以在旁邊陪著看，和孩子討論卡通的情節，和孩子討論新聞的內容，趁機進行機會教育，同時也可以了解孩子對某些主題的看法，若有特別偏差的，可以及時矯正，如

果孩子有特別有趣的看法，還可以鼓勵孩子勇於表達及獨立思考，對於內容真的乏善可陳的節目，也可以和孩子協調是不是可以轉台，換成別的節目。

## 讓電視成為正面的學習工具

有些學生家教非常嚴謹，除了上學之外的生活都在父母親嚴格監控之下，但在上作文課的時候，問起平時週休二日做什麼休閒活動，他的問答竟然是：「沒有。連看電視也沒有。媽媽都不准看。」還說：「媽媽說現在的新聞也沒什麼好看的。」

家長的用心良苦能了解，但是這樣的孩子想像力和創造力很弱，像現在作文題型那麼活潑，時不時就要你運用想像力來「創造」一篇文章，他明明沒有在郊外散步的經驗，卻要他寫出在青山綠水中嬉遊的悠閒和快樂，所以每次要寫和大自然或想像的故事經過，他寫出來的文字都很生硬，描述也很模糊，讀他的文章時，就像在看一張失焦的照片一樣。這些至少本來都還可以藉由媒體的報導或電視節目的演出獲得感受。

　　小說、漫畫、電視影集都可激發人類無限的想像力，就像《從地球到月球》（儒勒‧凡爾納，法國，1866 年），是全世界第一本講述人類登陸月球的小說，美國太空總署則到 1960 年代才發表登月計劃，1969 年阿波羅 11 號才終於帶著阿姆斯壯登上月球。雖然科技的發展影響因素不僅是靠想像來完成，但在 1866 年以前，有誰認真的談論登上月球的事情呢？

　　曾有報導指出，遠東科大一位學生因為是個超級路癡，騎機車去兜風常會迷路，為了應付老師交報告，於是天馬行空，想學柯南發明一款特殊眼鏡，將道路資料自動投射到鏡片中。其後幾經修正，成為具導航功能的眼鏡，鏡架上裝有一具迷你衛星導航裝置，能透過麥克風、耳機來傳遞訊息，協助指引路況資料。完成後參加 98 年度全國技專校院學生專題製作競賽，竟拿到商業類群第二名。

　　看電視的孩子會不會變壞？答案是：不一定。只要家長偶爾假日休閒時陪孩子一起看電視，交流一下對於電視節目的看法，了解孩子喜歡的節目類型，引導他們用正面的方式和角度去看待這些節目，孩子們自己就會依照自己的需求和興趣選擇好的節目，其實不需要太過擔心。

# 過早玩電腦小心變成「電玩腦」

根據「台灣青少年休閒生活」調查，最常從事的活動第一位為上網或打電動，其次是看電視、逛街、聽廣播或聽音樂、運動等，從事運動之比例明顯下降，有研究顯示，過度沉迷於打電動，不管是線上遊戲或電視遊樂器等等，大腦的結構將變成「電玩腦（Game Brain）」，而電玩腦的腦波狀態與老人痴呆症相似。電玩腦的人會不容易控制自己的情緒，具攻擊性、注意力不集中、行為散漫、過一天算一天、做事無精打采。

## ·我的孩子是否有「電玩腦」？

如何判斷孩子究竟是否具有「電玩腦」呢？先看看你的孩子是否具有下列特徵：

◎ 非常努力學習，評量結果卻事倍功半？

◎ 理解力不夠，經常陷入雞同鴨講的困境？

◎ 記憶力差，學過的東西老是記不住！

◎ 懶散、不積極、總是無法按時完成作業。

◎ 有過於好動的傾向？

◎ 注意力不集中，性情過於急躁，影響學習效果。

◎ 情緒舒解能力不夠，無法忍受挫折！

◎ 容易產生壓力、緊張不安！難以控制的攻擊行為！

◎ 想像力、創造力不夠，總是要人家提示下一步。

◎人際關係及環境的適應力差！

◎ 警覺性不夠，反應老是慢一步！

◎ 失眠、睡眠不足，晚上老是睡不著？

上述的狀況是不是和過動症的現象很類似，是的，原因在於兩者生理上的判斷都在於大腦前額葉皮質區功能比一般人弱，以致於表現出來的行為相當類似，雖然沒有研究報告明確的指出兩者之間的關係，但我們也可以合理的推測，假如過早讓孩子長時間接觸電視與電玩，可能會引發後天性類似的過動症狀。

## ·小心別掉入自我滿足的陷阱

現代的家長愛子心切，在孩子還很小的時候，就花大把大把的銀子幫孩子買各種教學錄影帶、電腦益智光碟和有聲書，也為孩子挑選優質電視節目，但卻只是讓孩子自己一個人看錄影帶或節目，對於孩子來說，他只是看到影子在晃來晃去，也許耳濡目染之下會跟著嗯啊幾句，父母就會覺得花很多錢購買這些教材是值得的，而掉入一種自

我滿足的陷阱。

　　但所謂對於電腦、電視的接觸以及全腦開發課程，的確有時間點上控制的必要，因為這三者都有使孩子容易在進行活動當中處於視覺、聽覺的強烈刺激，這樣孩子對於國小、國中的課程以文字為主的內容會產生很大的倦怠感，因為學校老師上課不太可能帶給長時間太多的視聽享受，孩子愈接受這些刺激，同時也要給孩子有閱讀或下棋等等靜態活動的經驗，以免將來適應不良。

　　家長們可能以為這些是益智光碟，是為了讓孩子學習而購買的道具，是有益於孩子的，但是其實他們的製作和電玩遊戲比起來，對還是 BABY 的孩子而言，看起來都是一樣的，所以效果也是相同的，而且認真的分析起來，教具光碟的互動模式還沒有電玩遊戲強，同一個題目做四次就會知道答案了，電玩遊戲同一個關卡闖關的方式不一樣，都還可能導致不同的結果，根據孩子遊戲角色的不同，故事腳本多線發展，反而挑戰性更大。

## 與其窮擔心，不如加入孩子的行列

　　現實狀況下，您的孩子可能已經長大，到了國小、國中、高中的時期，如果他有上述「電玩腦」的狀況，該怎麼來補救或引導呢？首先，「絕對的禁止」是無效的，何況現在的孩子太聰明，我就有學生特地等到三更半夜趁爸媽睡著以後，再偷偷溜到屋外的巷子口，和朋友一起聊天、抽煙和喝酒，爸媽渾然不知，如果只是溜到客廳玩電腦，爸媽也不會知道孩子根本還沒睡。又或者爸媽乾脆把電腦移到自己房間裡，藉此控制孩子玩電腦的時間，這也是治標不治本，孩子一樣可以在學校上電腦課的時候在學校上網玩遊戲。甚至厲害一點的學生，為了想辦法玩遊戲，什麼招數都使得出來，出乎大人的預料。

　　前陣子有個令人遺憾的新聞，一位十五歲的學生因為媽媽把電腦鎖起來不讓他玩線上遊戲而自殺了，傷心的媽媽還說：「以前鎖過電腦都沒事。」但是這位媽媽不知道，她的兒子在線上遊戲的世界裡是人人唯馬首是瞻的團長，對他來說，線上遊戲幾乎是他人生的全部，媽媽不知道沒有電腦，他也活不下去了。

　　當然不是所有孩子都可能採取這麼激烈的手段來回報父母親對他的教育，但我們在不清楚狀況之前冒然做出的決定總是危險的，也許有家長或老師會說：「不讓他玩是為他好。」但這就像談戀愛一樣，你給的不見得是他要的，他要的你又給不了，那就沒什麼好談的了。

有時候孩子需要更多更頻繁的回饋和鼓勵，通常人類的習慣可以經由反覆的刺激和反應漸漸改變，而養成或改變一個習慣大約持續 21 次以上就可以看到效果，對於孩子們的行為或活動，我們可以運用正面鼓勵及負面消弱的方式，引導他們對於電玩遊戲的黏性漸漸削弱，並且改變他們的習慣。

　　當孩子逐漸沉迷於電玩遊戲之中，我們要加強吸引他離開那個情境的因子，轉換他進入情境的傾向，例如在玩遊戲的時候，如果願意中斷他的遊戲，協助完成家事或複習功課，我們可以讚美他：「謝謝你給我時間，也謝謝你正在線上的網友。」接著他可能還是會坐回去電腦前玩電腦，但對於你原來的干涉與中斷他的遊戲，孩子所感受到的並不是負面的情緒。

　　利用正面增加、負面削弱的方式，反覆協助沉迷電玩的孩子重新建立正常的生活作息，隨著漸漸遠離電玩遊戲的畫面和情境，加上父母和學校老師在作業及複習計劃上的配合，孩子對於電玩的黏度會隨時間推移而減輕，但要注意的是，原本藉電玩抒發的壓力可能仍然存在孩子的心裡。這時候我們就需要多和孩子聊天互動，了解孩子的生活作息，以開放、平等的態度和孩子討論對事物的看法，也可以和他們討論適當比例的遊戲時間，例如：和孩子討論遊戲進度，甚至自己

也下去玩玩看，研究如何在較有限的時間裡，很快的完成遊戲任務和升級，接著你會了解孩子有很多特殊的專長，儘管那可能和學校課程沒有很大的關係。

## 引導孩子適當使用手機

　　日本歷來享譽擁有世界上最先進的移動電話技術。全國遍佈高速手機網路，帶有導航和電視功能的電話也成了日常普通常用的標準。日本中學生瘋手機的情況，堪稱亞洲之冠，最近日本一項調查發現，愈少使用手機的國中生，成績愈好；每天使用手機的學生，成績差的比率則較高。

　　爸爸媽媽和老師們到底該不該讓孩子帶手機到學校呢？這成了一種兩難的問題。一方面希望能時常聯絡到孩子，也方便孩子聯絡家長，另一方面又怕手機強大的功能讓孩子分心，甚至產生作弊或其他脫序的行為，這樣實在讓人在科技產品優勢以及專心讀書之間難以抉擇。

　　以日本社會情況來說，他們手機的使用十分普遍，對於日常生活來說非常重要，他們的手機上網及作為電子錢包的功能已相當成熟，

所以他們有很強烈的需要讓學生攜帶手機到學校，甚至還有學校把手機的定位功能當成是點名的方式之一。

手機的功能如此強大，只要我們能指引孩子妥善使用的態度和方法、時間、場合，其實不需要擔心手機會使孩子的功課表現變差，之前因為有本書放在一位建中的孩子家，又不方便前往他家裡取回，也是商量請他先帶到學校，我再趁放學的時候在約定的地點跟他拿，他當時就自然的表示：「上課的時候我不會開手機，所以請傳簡訊或者一下課的時候我就先和老師聯絡。」孩子自己有使用方法上的認知，家長和老師們又何須顧慮呢？

## 讓手機變成你的五指山

要管制孩子們使用手機，最重要的是家長也要跟上時代的趨勢。如何可以讓手機變成你的五指山？在控制孩子通話費率的部份，最直接的方式是辦理儲值卡，儲值方式的門號每分鐘通話費率比一般月租型門號還要高，但可以藉門號儲值來控管孩子的通話費，也不用擔心孩子是否每個月撥打的通話費太高。這個模式對於控管孩子每月的通話費也很方便。

　　另外，我們可以透過語音專線請客服人員鎖定上網、國際電話撥打、付費加值服務功能，客服人員在做功能變更的時候會先詢問個人資料，基本上就只有門號持有人才可以做功能上的變更，如果強烈要求，客服人員其實可以在門號持有人的資料上備載，任何變更功能的要求都需要透過「家長」同意。

　　指導孩子使用手機的方式外，也應該指導他們在公共場合使用手機的禮貌，這也是社會教育的一環。有一次的作文課裡，我和小學生討論使用手機的禮儀，他們都了解現在有些人在使用手機時，時常影響到別人，像是講手機時特別大聲，或者看電影時不關機，邊走路邊打遊戲或簡訊而和別人產生碰撞，更有一些孩子和爸媽出國時，看到有乘客在飛機上開著手機，而被空姐請他關掉手機的。

　　孩子的世界和我們愈來愈不一樣，我們可以在很多場合和時事話題中，趁機進行機會教育，手機的問題也是一樣，當你開始要限制他們時，就要協調把規則講清楚，甚至你要比他們還懂「手機」，一味的限制讓他們覺得莫名其妙，而不明所以的管制也讓他們感到壓抑，他們在很多事情上的疑問也只是要一個答案而已，當你展現比他們更了解這種新興的消費性產品，他們可能還會覺得你「超酷」的。

# Chapter 6

## 頭痛！難解的
## 交友問題

隨著少子化與小家庭結構普及化，孩子從小是爸媽心中的寶貝，自小也總習以「自我」為中心，因此缺乏和群體相處的經驗，直到開始上學，在學校和其他小朋友互動，才真正開始學習如何和群體相處，也才開始理解，除了「我」之外，還有「你」、「他」不同個體的存在，如何能在群體之間和諧的發展人際關係，對孩子以及爸媽來說，都是需要學習的課題。

　　美國著名的心理及人際關係學家戴爾·卡內基曾經說過：「一個人的成功 15% 是靠他的專業知識，85% 則是依靠他的人際關係。」也就是說，父母親若是想要孩子在未來能夠成功，那麼如何協助孩子在人生的旅程中，獲得這 85% 的得分就顯特別重要。

　　研究發現，缺乏交友能力的孩子，往往是「白目」的孩子，他們弄不清楚什麼時候該做什麼事，也不會察顏觀色，無法判斷別人的想法，也無法預測自己的行為，會對別人造

成什麼影響，自然很難交到朋友。而如何能讓自己的孩子不白目，從小的「親子互動」就要開始注意。

親子互動，是孩子最初也最重要的人際關係，孩子從親子的互動中，學習如何表達自我情緒、面對需求不同的衝突時，學習解決問題與協調方法，然後帶著這樣的經驗走出家門，在友伴間繼續琢磨自己的社交技巧。

所以平時爸媽除了要注意孩子的考試成績和學習狀況之外，更需要注意孩子平時和同學、朋友之間的交往情形，才不會等到發現有狀況時，才驚覺問題大條了！

# 26 不喜歡輸給別人

　　學業成績優異的孩子不見得就真的沒有需要父母親擔心的問題，甚至因為這些問題不是表現在成績上而被忽略。一個孩子完整的人格是表現在各方面的，但我們是不是有時因為過於注重學業成績，反而疏忽了孩子其他方面的問題？

## Story 教養小故事

　　從小怡君的功課就名列前茅，但是對於班上的活動總是很冷漠，包括學校運動會的大隊接力或者班際體育競賽活動等等。由於怡君總是採取漠不關心的態度，所以漸漸的和同學們的交往就變得疏遠，除了學校課業之外的事情，怡君從來也不會過問。有一次怡君回到家後抱著棉被痛哭，媽媽搞不清楚女兒到底是怎麼回事？問了老師才知道，平日不太令她擔心的乖女兒居然只是因為考了第二名而沮喪。

## 給自己壓力也給別人壓力

記得我國一下學期剛從南部轉到台北縣的國中時，傻傻的，不知道台北的學生們競爭多麼激烈，第一次段考才剛結束，立刻有同學劃好前十名的成績排名表，隨著老師發下段考考卷，發現我的成績看起來還不錯，就把我列入前十名裡面，不小心我就「擠掉」了一個同學。

第二次段考時，我和第一名只差不到十分，所有的同學等著看我下一次是不是會擠掉第一名，連雞排和奶茶都準備好了，只等著看好戲。不知道是不是有人對第一名的常勝軍說了什麼，總之我老覺得她不太喜歡跟我講話。

第三次段考成績出來了，接著要放暑假，學校只公布了學期總成績，沒有人問得到到底段考成績是怎麼樣。升上國二第一次段考，我不小心多了常勝軍一分，成了全班第一名，依然坐我後面的常勝軍同學，從此不再跟我說話。

有一次上課時我轉頭想向她借個橡皮擦，她看了我一眼，然後裝做沒聽到，但是旁邊和後面的同學跟她講話她卻有聽到，就是不跟我

說話，那段時間我老是覺得後腦勺陰風陣陣，背後怨氣很深，大概也是心理作用的關係，我也不太敢和常勝軍同學說話了。

直到國二第二次段考，我把第一名還給她，她才主動和我說話。國二下學期有個班級被拆班了，分了兩個好學生到我們班上，其中一個也不小心考了個第二名，常勝軍便立刻憂心忡忡的找我一起去補習，放學時居然還會拉我一起回家。

到了高中聯考決勝負的關鍵時刻，我又不小心考到第一志願，常勝軍則考到景美女中，從此我們沒再見過面，同學會我到她就不到，從別人談話的內容我聽得出來她是刻意避開我，後來還是老師告訴我，她大學考到師大教育心理與輔導學系，輔修英文。

國中的時候，不管是學校老師或補習班老師都認為她會考上北一女中，每天看到她都這麼說，她大概自己也以北一女中為目標。但是為什麼她沒考上？據說她那天身體不舒服，考試失常，不過我自己揣測的是，她心理壓力太大，導致考試臨場太過緊張，才會有失常的現象。

　　這位同學國中的時候因為功課好，老師很重視她，表面上看起來人緣也不差，但似乎沒有什麼交心的朋友，在我陪她回家的那段時間，從沒聽她提起過。

　　類似這樣的同學，到了高中又被我遇上了。高二時，班上有一位同學，每次考試都是第一名，大學考上台大法律，但她同學會只到過一次，告訴我們她拿了書卷獎，書卷獎等於是台大全學年前三名才有可能得到的榮耀，得來不易，她倒是一付輕輕鬆鬆的樣子。我記得在畢業紀念冊裡，同學們給她的封號是「叫我第一名」，高中時她只有一次考了第二名。

　　雖然這兩位同學早都已經與我失去聯繫了，但記憶中她們都是默默一個人，也不曉得該用「孤芳自賞」，還是要用「不食人間煙火」來形容。輸掉一次考試，還沒有輸掉整個人生，芸芸眾生實在沒有辦法體會她們為什麼這麼在意一個小小的段考成績。有時電視會出現學生因為壓力過大而跳樓自殺的新聞，到後來這些新聞不過在發生的最初那幾天，成為談話性節目討論的話題，過了幾天後似乎便「煙過了無痕」。

# 人生因有挫折而美麗

紫微斗數裡有一顆星宿，叫做「天同星」，我記得曾有一個人去替自己剛出世的兒子算命，算命師告訴他：「恭喜恭喜，令郎命坐天同，沒有煞星沖煞，一生無憂無慮，別無所求。」那個人聽了喜出望外，一直到發現他該會說話了卻不會說，也聽不懂家人講的話，帶去醫院檢查才發現智能不足，為時已晚。

算命師有算錯嗎？沒有，因為他的兒子還真的一生「無憂無慮，別無所求」，因為智能不足的孩子，家人得要費心照顧，他當然過著「茶來伸手，飯來張口」的生活。

但是這顆天同星也很有趣，它是一顆完全不怕任何煞星的星宿，凡有煞星相沖都能化解，因為天同星代表安逸，「生於憂患，死於安樂」，同宮沖煞，遇到不順遂的事，反而會激勵天同星認真向上，尋找自己的出路。

要讓孩子知道，人生可能遇到很多不同的困難，而當他感到困頓的時候，當他需要幫忙的時候，向上天求助，他可能只會發現，神

明們老是「拈一朵蓮花微笑」。有時候也許祂們看著人間發生悲慘的事情時，也跟著落下一滴清淚，有時候看見人間發生滑稽的事情，也跟著捧腹大笑，有時也許也會感覺到人類不可思議的愚蠢行為而大怒！但他們不會真的幫上忙——「天助自助者」。

比較大一點的孩子，有時候會好奇的問我：「如果你遇到心情不好的時候都怎麼辦？」「咒語唸一唸之後就好了。」「是什麼？」「天將降大任於斯人也，必先苦其心志，勞其筋骨，餓其體膚，空乏其身，行拂亂其所為：所以動心忍性增益其所不能。人恆過，然後能改；困於心，衡於慮，而後作；徵於色，發於聲，而後喻。然後知生於憂患而死於安樂也。」

「這不是課文嗎？」「是啊！生活上很多事情課本都有告訴你答案，只是你有沒有想到而已。」人生的挫折就像考試一樣，只是它只有兩個分數，一百分和零分，當你解決了問題就是一百分，解決不了問題就是零分，而且不能重來，也沒有辦法複習。

許多成功人士看起來過著非常精采的人生，但是他們的成就出現之前總是有一段艱辛的歷程，他們努力解決了難題，或者把上天給他們的難題化為力量，才成就了他們的燦爛光采。司馬遷受宮刑而奮

發完成《史記》；梵谷失去了左耳，卻完成了《星夜》；貝多芬失去了聽力，仍然完成了《快樂頌》；愛迪生的重聽使他更專注於研究工作，一生發明了兩千多件作品。

一張紙揉爛了，丟到地上，再踩兩腳，這張紙的下場是什麼？如果你覺得它只能丟到垃圾桶，那它就只能歸屬到焚化爐了，但是如果你把它攤開來，根據上面折出來的紋路、汙漬及腳印仔細觀察，拿起筆來重新描繪，也許得到的是一張別開生面的畫作，而不再只是一張垃圾了。

一個人是否能成功，取決於他是否能夠從容面對挫折，知道如何面對壓力，能理解別人的想法，進行有效的溝通和互動，並且擁有解決問題的能力，知道如何訂立切實的目標，從一次一次的經驗中，把自己的能力貢獻給他人及社會，踏實地生活，並從中獲得成就感。

## 教孩子贏也要教孩子輸

不服輸的孩子大概功課也不會讓父母操心，但好勝心太強代表他同時給自己太大的壓力，此外，好勝心強的孩子自律甚嚴，總是按時

做好功課，由於非常優秀，學校方面也必然十分重視他的成績，如果有其他才藝的話，當然也是外派到校外比賽的不二人選。這樣的孩子可能因為太過專注在學校課程和比賽上，而忘了自己還有周遭的人際關係要維持，甚至可能變得自私。

「自私」導致孩子對於班級公共事務或團體活動興趣缺缺，他們會想：「我在家都不掃地了，為什麼在學校要打掃？我為什麼要幫學校做事？學校的活動沒什麼意義，我為什麼要跟著做？」另外一些孩子為了生存而惡性競爭。例如，只重視考試成績，小小年紀就開始比存款，比較學校的名聲、和同學之間比較外貌以及物質的擁有，有時甚至不惜犧牲一切代價，爭得你死我活，更讓自己的生活也變得緊張、充滿不安全感。

人生除了考試，還有感情，洪曉慧輸不起，所以把情敵殺了，但是沒有了這個情敵，難道就沒有別的情敵嗎？人生還有工作，有時候不小心老闆一個決策錯誤，大家捲鋪蓋走路，一個金融海嘯，全國各大中小企業都要裁員，不然減薪，不然放無薪假，沒得選擇，難道也要自焚抗議？不是吧？一枝草，一點露，螻蟻尚且偷生，何況是堂堂萬物之靈？但很多人寧可了結自己的生命，或者把希望寄託在命運這種虛無縹緲的東西上。

我們總是教孩子要考試要考得好，讀書要讀得好，比賽要拿第一，要乖巧聽話受人稱讚，要像老鷹一樣展翅高飛，看到小麻雀在啄食路邊的小米時，要有「燕雀焉知鴻鵠之志」的豪情壯志，但是飛得再高再遠也會有需要停下來休息的時候。伊卡魯斯用蠟做成翅膀，想飛上天去追日，結果翅膀卻被太陽給燒融了！

誰不想自己的孩子平平安安過一生？但這是不可能的，一時的平安順利不代表永遠平安順利，萬一遇到問題的時候呢？有時候問題可以解決，但有時候卻沒有那麼容易，有時候問題出在別人，有時候問題出在自己，如果自己沒看開，不能等待時間過去，等時機到來，反而會用更不好的方法處理眼前的問題。

我大學同學的媽媽非常幹練，從小我同學在各種「精心的安排」下長大，國中畢業之後被逼著重考一年，上了不錯的公立高中，最後還能衝刺考上大學的原因是「不想回到重考班那種不是人過的生活」，大學畢業之後，不想上班就請假，媽媽開店就跟著去顧店，長久以來生活上的不確定感加上感情因素，走不出自己設的圈套鑽牛角尖，現在她媽媽只希望女兒快樂的過日子就好。

　　大家熟知的童話寓言──「龜兔賽跑」，慢慢跑的烏龜不是輸了嗎？但牠後來因為堅毅不撓的耐心跑完全程，而兔子一開始能跑贏，卻因為一時輕忽怠慢而輸掉比賽。有時候孩子會像烏龜一樣，有時候孩子會像兔子一樣，在什麼樣的位置時，應該用什麼樣的角度和態度來看待比賽的結果？

　　教孩子「贏」，也要教孩子「輸」。孩子從小就面對各種考試、測驗，沒有人永遠都贏的，總是有人得輸那麼一兩次，有輸才有贏回來的機會，孤獨不敗改名孤獨求敗，因為沒有人可以比他強，所以他只好求敗，為什麼？因為沒有「敗」，他不知道自己的人生目標在哪裡，沒有「輸」，他沒辦法確定自己在武學上的造詣。紙被揉爛了是「輸」，但是如果用另外一種角度去看它，「輸」也沒什麼不好的。

# →27 孩子在學校被欺負了

　　有一天，孩子突然開始容易遲到，平常日總是這裡痛、那裡痛，常常身體不舒服掛病號，但下午晚上時可能又好了，假日也活蹦亂跳，那麼，請仔細觀察你的孩子，他是不是開始因為某些原因而害怕上學。

## Story 教養小故事

　　「我的頭好痛，不能上學。」一聽到小乖生病，媽媽趕緊摸摸小乖的額頭，果然真的好像有點發燒，趕緊向學校請假，過了一會兒，孩子不再愁眉苦臉，還開開心心的像平常一樣吃吃喝喝看電視，媽媽又趕緊想把小乖送到學校。

　　連續好幾天都發生一樣的情形，媽媽只好帶小乖到診所看醫生，結果醫生說小乖根本沒生病，討論結果是建議前往大醫院的精神科檢查，經過一些測驗之後，才知道原來小乖在學校因為個性懦弱常常被欺負，變得害怕上學，所以只要上學的時間一到就開始輕微的發燒。

## 是不想？還是不敢？

　　害怕上學不外乎兩大因素：一是同學的欺負或孤立，二是學校老師可能有某些行為過當或甚至是違法。這種情況尤其發生在成績不好的孩子身上，由於長期以來成績都不好，和班上同學比較起來自信心不足，如果再加上老師的漠不關心或同學的嘲笑，就算是不經意的行為，長期下來對孩子的精神傷害也很重大，也因為自信不足的關係，受了委屈不敢反抗或大聲說出來，這樣一來更加閉塞在自己的世界裡，也使得其他同學更容易對孩子產生厭惡感，進而進行更多的欺負行為。

　　洪蘭教授就曾經分享過，她的兒子從美國回台灣之後，在嘉義民雄讀小學，因為中文不好，考試也考不好，功課不好，被同學老師嘲笑為「美國白癡」，老師甚至叫他請假不要來考段考，以免拖累全班平均成績。犯錯或考試考不好都會被打小腿，或著頂著椅子半蹲、在操場青蛙跳，她兒子還因此想要「走回美國去」，國二的時候得了「身心症」，每到上學時間就發燒，一到八點半準時退燒，到了上學時間，常常是曾志朗抬頭，洪蘭抬腳，兩人合力把他拖上汽車，他一路上叫：「求求你們不要叫我去上學！」但是最後他轉讀美國學校，變得很喜歡上學。

相信以前在學校我們可能曾經有過類似的經驗，或是身邊也有這樣的同學，老是被同學排擠，經過他的座位時，調皮的同學們會用誇張的動作閃躲，當他靠近的時候，同學遠遠地就大喊：「那個某某某來了！大家趕快跑！」雖然一開始對他的厭惡可能還有原因，但時間一久，變成一種習慣，同學們也只在下課時間想找人跑腿到福利社買東西時，才會叫住他，而且還趾高氣昂、頤指氣使的說：「我要買OOO，買不到你試試看！」

　　因為不是真的動手打架，老師對這種情況也模模糊糊的，同學心裡都有了默契，也不會私底下和老師提被欺負的同學，以前我讀的國中就有這樣的狀況，連校園裡的「老大」都不收他當小弟，同學欺負他的行為也很自然。

　　還有另一種形式，便是校園間的恐嚇事件，這打從我開始上國中以前就多少有聽說，但沒想到有一天竟然也發生在我身上！

　　剛從台南搬到台北縣的時候，鄰居們三不五時提起該學區的國中時就搖搖頭，有辦法的都把孩子轉到隔壁學區的學校唸書，但我們家初來乍到，人生地不熟，也沒多想就直接轉進那所國中，剛報到的第二個禮拜，我就被一群國二的學姊硬「請」到我們班上那層樓的廁所

去「談事情」。

　　國二學姊被我的伶牙俐齒搞得團團轉，不一會兒我自個兒推開廁所大門回教室，同學們明明知道他們找我沒好事，也漠不關心，好像一切都很自然一樣。隔天上午第二節下課，換一個國三的學姊態度兇狠地來找我，帶著的大批人馬裡還有前一天帶我去廁所「談事情」的國二學姊，抓著我的衣領硬要我向班上某位女同學道歉，我也只跟這位女同學講過一句話：「掃地工作有要幫忙嗎？」根本搞不清楚要怎麼個道歉法，後來看同學們圍觀而沒有一個人想伸出援手，自己就低聲下氣的說：「雖然我不知道哪裡得罪妳，但是對不起。」國三學姊才放開我。

　　又隔了一個禮拜，有一天中午，一個和我比較要好的男同學偷偷跟我說：「等一下有人會來找你借錢，你自己小心一點。」我還沒反應過來正想要問清楚是怎麼回事時，那個國二學姊又出現了，劈頭就問：「妳有沒有五十元？借我！」所幸從小家裡沒有什麼發零用錢的習慣，所謂的零用錢都是餐費省下來的，當時我身上空空如也，可謂一貧如洗，直接回她說：「我沒錢，不信你來搜。」學姊知道我不是什麼肥羊之後還丟了一句：「窮鬼」轉頭就走，我轉身翻找書包，發現原來還有個十元硬幣而沾沾自喜，男同學過來問我有沒有怎麼樣，

我還很開心的告訴他：「沒事了。」

之後終於幸運的平安過完我的國中生涯，算是讓我經歷了一段畢生難忘的「校園霸凌」事件。但不一定每個孩子都能這麼幸運，在這個過程當中，孩子一定都會被恐嚇不可以告訴家長和老師，原本在學校和家裡感到不受重視的孩子，就會真的乖乖聽他們的話，把所有的害怕和緊張情緒往自己肚子裡吞。

## 有自信，就不會被欺負

缺乏與團體的互動，有些孩子連最起碼的的生存能力都短缺，不知道如何因應危機、面對困局的知識與經驗。臺南鄭姓學童與父親屍體共處十五天，不向他人求助；屏東潮洲一廟公性侵小五女生長達三年懷孕墮胎。這些事例在在突顯孩子們缺乏生存能力的事實，也說明社區鄰里冷漠的可悲。

我有一位男同學，國中三年一直是其他人使喚和排擠的對象，他的成績總是墊底，總是一副愁眉苦臉的樣子，外型五官也都不討喜，學校老師不太理他，當時他總是沒自信、沒朝氣的樣子，其他同學就

是抱著「覺得他很『孬』，很好欺負，不欺負他還要欺負誰呢？」的想法，所以每天對他呼來喝去。

還有另外一個女同學，成績平平，人也很善良，只是從小長得一張國字臉，國中時代正是青春少女時期，怎麼禁得起男同學起哄叫她「本壘板」？不巧的是，當時正好是職棒四年，中華職棒正紅的時候，只要一談論棒球的話題，男同學都會來一段「即興表演」，真正引起軒然大波是在某一次這位女同學又被男同學欺負時，終於禁不住哭了。

我剛從台南市轉學到台北縣時，同學也嘲笑我是「鄉下來的」，但因為不久後的段考中，我的成績到達前十名，再加上我自己聽到同學叫我「鄉下來的」，我不是裝聽不懂而不理他們，就是更正他們的措辭：「請叫我的名字，而且我是從台南市來的，難道你們不知道台南市是個都市嗎？」當時的國中同學們很重視成績與排名，發現我在這方面也不是弱者之後，便不再嘲笑我了。

現在回想起來，還好我的腦子夠靈活，成績也不差；還好我的母親從小為了要我照顧弟妹培養了我的大將風範，以及家境不好而沒給我零用錢；還好我讀過韓信《胯下之辱》的故事，讓我有足夠的信心

去抵抗當時同學們的落井下石和漠不關心，養成日後更加獨立自主的性格。

根據調查指出：約有 65% 的孩子們曾受到所謂「非肢體霸凌」，也就是我剛提到，用綽號、暱稱進行言語上的攻擊，有九成以上受到霸凌的兒童則是被排擠、嘲笑，其中有兩成左右的孩子因此而活不下去。

我有個朋友，小學的時候也被班上同學欺負，那個同學是小霸王，班上同學無一倖免，我的朋友有一次終於忍不住，直接和小霸王打起來，打贏了對方，之後就不再被欺負了。雖然這個方式不見得是解決問題最好的方法，但我們也可以發現，在被欺負的時候，被欺負的一方絕對不能只是一味的忍氣吞聲，應該要有足夠的自信，展現不卑不亢的態度，來避免不斷受欺負的惡性循環。

有一次我在教幼稚園正音班的過程中，休息時間孩子突然打鬧起來，原來小朋友在搶玩具，其中一個孩子又有氣喘，一下子就發作，我見他從抽屜拿出他的噴劑，一邊紅了臉，一邊吸著噴劑。我趕快制止他們的打鬧，問清楚情況之後，他說：「我可以借他玩，但是他沒有跟我借。」才五歲的他很清楚人與人之間相處的道理，也不是一味

的就受人欺負，也知道要反抗不正確的強權，後來我告訴他：「如果他用搶的，你先告訴我，我才知道要幫你。」

我們發現孩子因為特別弱勢的情況而受到不平等待遇時，就要審慎處理，這些都是後來演變成可怕霸凌事件的開端，一開始處理的過程當中務必明確，不要有息事寧人的心態，否則受害者更加容易受害，而加害者則更加猖狂。平時更要建立孩子的自信心，給孩子維護自己權利、保護自己不受傷害的能力。

## 隨時模擬演出駭人聽聞的戲碼

《哆啦A夢》裡面的胖虎常常欺負大雄，但漫畫裡大雄有小叮噹用各種不同的道具幫他，那現實生活中如果你的孩子成為胖虎或大雄時，要怎麼來處理呢？

對「胖虎型」的孩子，我們需要觀察他為什麼要常常欺負別人，首先可能是因為他在家庭當中一直接收到這種呼喝、肢體暴力的溝通方式，也可能是因為他常因為學業表現不好而被父母親打罵，造成他以為對別人呼來喝去是正常的。

當下發生欺負別人的情形時，我們最好先把孩子單獨帶開，先稱讚他其他的優點，然後再引導他了解欺負別人是不好的行為，了解他欺負別人的原因和想法，讓他學習控制怒氣，控制自己不再出手傷人或者對別人使喚的習慣。

「胖虎型」的孩子，有著總是喜歡操縱他人、喜歡得到注意、有號召力、機智反應快等特性，如果正向的發展，其實相當具有領導者的潛力，可以請他擔任小老師，或者指派他領導大家完成一些班級事務，例如擔任糾察隊或完成學期大掃除等等。觀察孩子的行為，引導他發展個人興趣也有助於孩子的品格發展，轉移他們的注意力。

「大雄型」的孩子，總是有害羞內向、膽怯、焦慮、自信不夠、反應不夠快等「受害者特質」，有時還包含過高、過矮、過胖、過瘦或是殘障；走路奇怪，講話奇怪，功課不好，或是成績太優秀被忌妒；或是人家常說的「娘娘腔」、「男人婆」等等，都會被同學們拿來嘲笑。通常他們會因為內向不敢表達，而壓抑自己受創的感受，情況嚴重的時候可能會有輕生的念頭，有些則會發展成去欺負比他更弱小的人。

前面提到我國中的時候轉到台北縣某國中，當時原本受欺負的男

同學就曾在大家嘲笑我的時候加入欺負我的行列，當我覺得他被欺負很可憐時，幫他講話，反而還被他嫌棄，和其他同學一起對我進行人身攻擊，正是因為他終於找到一個看起來好像可以讓他宣洩的對象。

對於「大雄型」的孩子，我們要多給予鼓勵，讓他勇於表達自己內心的想法，當他能夠表達一些真正的想法時儘量多給予讚美，建立他的自信心，因為這類孩子不但生性內向，而且可能學業成績也不是很好，所以容易愈來愈害羞。這樣的孩子在遇到事情時也會以為都是自己的問題。就像大雄老是覺得胖虎欺負他，但他也無法反抗，覺得都是因為自己不夠強壯、不夠聰明，人家才會欺負他。

老師對於「胖虎型」或「大雄型」的孩子更要多付出一些耐心，觀察排解事件之後的發展，有時候他們可能會轉而在校外進行，或老師、家長看不到的地方，例如回家路上、校園偏僻角落，而事後甚至恐嚇受欺負的一方不能告訴大人。

曾有一項校園霸凌事件調查，發現小學生在校園被欺負者高達28.95%，國中生則有 22.95% 被欺負過，所以這些事件層出不窮，除了學校方面盡量厄止歪風之外，家長平時也可以和孩子在讀報紙和看電視新聞時討論報導中的情形。

假設這樣的情況發生在自己身上時要怎麼處理？家長可以給予什麼樣的援助？孩子和同學之間的關係如何？尤其言語的嘲笑與攻擊所造成的陰影有時比肢體暴力更長遠，如果孩子遇到這樣的情況，嚴重時可能還需要向心理醫師求助。

訓練孩子模擬面對危機事件的因應之道；鼓勵有需求就應求助，降低處處求自保的焦慮；教導孩子示弱其實是強者的美德，同時也會去除獨占、獨享、絕對擁有的心情，也可消除無法容忍與他人分享，或失敗的挫折感。孩子不知求助，不願求助，不知分享，如何能生存，如何會生活？

# 28 我的孩子竟然沒有朋友

大人大概沒有想過孩子會有「沒朋友」的困擾，其實這種孩子還不少，有的孩子沒有存在感，所以連老師都經常忽略這類孩子的感受。這也無可厚非，畢竟老師難免無法面面俱到。就連當家長的，有時候可能只注意到孩子的功課，卻很少注意到孩子的人際關係出了問題。

## Story 教養小故事

小如是一個再普通不過的孩子，每天作息正常，功課表現平平，也沒有什麼特殊的才藝，平常班上討論時也都不太發聲，回到家也像一般孩子一樣做功課，父母親也沒什麼好擔心的，但是由於長期不太熱衷同學之間的話題，其實小如在班上也經常被忽視。

班上每三個月會抽時間舉辦慶生會，同學用班費買了小點心和壽星的小禮物，到了慶生會的前一刻，才發現原來小如也是這次的壽星之一，但負責準備小禮物的同學居然漏了小如的一份，老師立刻出來打圓場，並且讓準備禮物的同學趕到校外買了一份新禮物，才化解了這場尷尬。

## 孩子需要同儕之間的話題

　　你是不是規定你的孩子不能看電視，不能看漫畫，不能玩電腦，不能看報紙，不能看電影？雖然媒體充斥著不是很適當的內容，但是全盤否決是不是也有點矯枉過正了？這影響的不僅僅是孩子的視野變小，對這個世界所發生的事情不了解，對時事及課外知識的吸收不足其實也會影響學習的效果。

　　更重要的是，對時下年輕人所接觸的事物不了解，孩子在同學之間沒有話題可聊，連帶地影響孩子和同學之間的互動，也讓孩子的社交能力退化，變得沒有自信，如果孩子的功課表現還算不錯，那麼孩子在同學之間可能就是用「個性孤僻」來形容，如果很不幸的，孩子的功課表現又不是那麼好，那麼孩子在同學之間的描述與形容可能就只有「自閉」與「自卑」這樣的詞彙。

　　一般來說，家長座談會的時候，學生通常也會在場，請父母們在這種場合之下也多多觀察學生之間的互動，你可以看到，許多受同學們歡迎的孩子，他們大概忙著和其他學生的父母親打招呼，如果你的孩子總是孤零零的一個人，那麼在正常的學校課程中，他大概也是孤零零的一個人上課，同學對他來說，就只是許多和他一起上課的人，

他在學校生活中完全無法漸漸的社會化，變成一個獨行俠。

這樣的孩子通常缺乏課外知識的刺激，他們知道爸媽「一定」不會讓他們看電視、打電動、和同學外出，所以久而久之這些原本十幾歲孩子想做的事情，他們就放棄了，還會用一種安慰自己的方式說服自己：「這些事情不好玩，我不喜歡。」當別人開啟這類話題時，他就不講話，別人問他知不知道這些事情，他就表示不喜歡看電視或打電動。失去了發表意見的想法和能力，這樣不是很可悲嗎？

看電視、打電動是孩子日常生活中某種抒壓的方法，運動、閱讀報紙也是，如果他們還會上網寫寫部落格，那也是其中一種方式，所以不管孩子採取哪一種抒壓管道，每個星期為他們安排時間，適度的讓他們有所接觸，會有些正面的效果，也讓他們有了社交的話題。

上作文課的時候，為了促進學生對於文章的理解能力，我有時候也會把在雜誌上或者網路上看到的不錯題材，拿來做為討論的主題，進而讓當做寫作題材，這樣的教學是有趣而且有效的，有時候會發現孩子們的想像力很豐富，他們腦袋裡所裝的想法其實比大人所以為的還要廣，像是讓他們看一張A4廣告，模仿寫出一個活動企畫案，他們安排的節目總是比大人們所想的有趣得多。

不過這時候也會發現一些孩子，對於這些題材採取興趣缺缺或無從下筆的態度，其實他們可能覺得題材很有趣，但沒有辦法發想，因為他們的腦海裡以前從未接觸過這種實用性很高的「作文題目」，他們甚至可能覺得這不算是作文，所以不曉得「起承轉合」的公式要怎麼套進來，其實我根本沒有要他們硬套四段式的作文公式，例如寫好一個活動企劃案只要顧慮「人、事、時、地、物」，而且段落不拘，運用的是思維邏輯和想像力。

## 讓孩子學習社交的能力

人是群居的動物，在群體社會中，透過互助合作才有辦法生存，但是現在的孩子們，漸漸喪失和群體互動的能力，因為，他們上下課總是要人接送，在家裡也不會做家事，在學校對團體活動逐漸冷漠，有了困難也不會求助。

對於父母或老師來說，可能會覺得這個孩子「很乖巧」、「有前途」，但是想想看，如果他年紀還這麼小，卻不會像其他孩子一樣對新事物具有好奇心，這是一件多麼反常的事情？

　　我的學生當中就有這樣的孩子，他已經算是比較大的孩子了，有一次去上課，他用說笑話的方式說他的同學假日去看電影發生的趣事，最後補了一句：「我覺得看電影是浪費時間。」我覺得很奇怪，就反問他：「你真的不想和同學去看電影？」他說：「反正我爸也不會讓我去看。」我說：「所以你想去看，但因為爸爸不讓你去，所以你只好安慰自己說：『這是一件浪費時間的事。』」他瞪大眼睛說：「你一定要講這麼白嗎？」

　　還有一個學生，他完全不看電視節目，連新聞也不看，更不用說什麼電影或小說了，他每天只能看課本、習作、參考書，如果這樣他功課表現一級棒的話，這些犧牲可能值得，但偏偏他學業成績一直不算好，勉強算中等程度，結果媽媽繼續管制他的娛樂，他很顯然和其他同學格格不入，整個人看起來也萎靡不振，當我和學生有討論作文的共鳴時，他只能靜靜坐在教室裡，一點也沒有參與感。

　　當老師在上課時，可以觀察一下學生在課程當中的反應，對於某些話題，有些孩子很熱絡，有些孩子則很冷漠，這些其實和孩子平常在家裡或校外所處的環境有關，父母親也可以從孩子自學校回到家裡的表現觀察孩子平時在校的狀況，有時候孩子可能會嘰哩呱啦講一些同學之間發生的事情，有些事情可能只是一句話帶過。

如果孩子有社交上的問題，老師與家長可能就必須共同比照雙方的觀察結果，才能發現孩子是否有人際關係上的困擾，如果孩子話不多，或者對新事物缺乏好奇心，他們可能陷入這樣的困境而不自知，更需要家長及老師的引導走出來，增強他們的自信心。

　　這樣的孩子很悲哀，長大後就算有很好的學歷，卻可能因為缺乏社交能力而遭受打擊，大人們在工作場合都可以發現，社交能力會影響工作時同事、長官對你工作表現的評價。社交能力和人際關係的培養本來就是在學校的團體生活中展現，當孩子缺少與團體互動的話題時，也無法和團體融入，壓力也無法抒解，對孩子的心理健康將有極大的影響。

　　所以我們可以依照孩子不同的年紀，適當安排他們的作息，隨著孩子的成長，讓他們選擇一些喜歡看的電視節目或課外書籍，加強課外知識的刺激，強化想像力與創造力，同時也藉著電視新聞和電動的話題，讓他們在校內可以發展社交的能力，多交一些朋友，有時候也可以讓孩子在朋友圈中談談心事、從事一些體育活動，有了抒解壓力的管道。

## 懂得分享的孩子，獲得更多

孩子們對於他們的生活周遭沒有感受，對於自己所得到的總是認為理所當然，也不懂得分享之後能得到更多，所得到的當然不是說原本在手上的實質物品變多，而是他可能因為分享而得到更多的感激或友誼。

有時候上課，我會把自己隨手得到的小玩具當成上課時的獎品，不定時的獎勵孩子有「專心上課」，但是我發現他們已不像我們小時候那樣，得到獎品時感受到那份榮譽，如果獎品不是他們之間當紅的卡通偶像，他們完全就是一付「失望」的表情，這還不打緊，還有孩子用鄙視的口吻說：「這個很爛，我不要。」大大打擊我的心靈啊。

後來因為每次發獎品所衍生的狀況，讓我每次要發獎品的時候都非常謹慎，要想孩子現在喜歡的是什麼卡通，發什麼卡通的週邊商品才有鼓勵的效果，還要想他們會不會互搶，最好同時準備不同等級的獎品，以便最後「人人有獎」而不致於發生互搶的狀況，結果因為太麻煩，發獎品的次數減少，雖然紛爭也不再發生，但原本獎勵學生專心上課的心情就消失了。

導致這樣的情形最主要的原因就是「自私」，當孩子對於「獎勵」與「榮譽」產生自私的心態，當老師的為了妥善處理這樣的情況，當然只好謹慎小心，而減少了原本孩子們可以得到的次數，當然，孩子們本身不會感覺到什麼，但事實上他們真的少了實質上可以得到的數量。

　　而在班級活動中，「自私」還會影響到分組活動的成績，相信從小到大，我們自己也有親身體驗，明明是分組活動，同一組有的同學從頭到尾一手包辦所有事物累得要死，有的同學卻一點力也不用出，直接就得到分組成績，反正老師打的都是同一個分數，對於出不出力這件事，老師不清楚，同學不在乎，所以真正在做報告的就只有那少數幾個人。

　　社會上也是如此，一個案子要很多人一起完成，但有的人馬馬虎虎虛應故事，有的人認真負責每天加班，結果大家領的薪水都一樣，但想想，如果每個人都自私而不把自己應該負責的項目做完，這樣案子沒做完被客戶「釘」，無法請款，公司減少收入，也可能搞到最後大家都捲鋪蓋走路。也許有人以為現在的社會環境就是要不斷的強調競爭才能生存，更何況古語有云：「人不為己，天誅地滅。」

　　不教孩子競爭就是置孩子的未來於不顧？其實不然，就因為社會過度強調競爭，我們更應該在生活中強調互助、互惠、團結的價值，孩子只懂得競爭，卻不懂合作；只追求成功，卻無法承擔失敗；只懂得自保，卻不知互助；只懂得應付生存，卻不知什麼是生活。這對孩子的未來是不利的。

## 不經意的暴怒，孩子很快就學以致用

　　之前和朋友一起看《毀滅倒數二十八週》，是《毀滅倒數二十八天》的續集，有個地方可能沒什麼人注意到，影片裡面的科學家發現了引起人類變成喪屍的病毒，就取名叫「暴怒」，一旦被「暴怒」病毒感染，人會先變得容易衝動與生氣，接著病毒癱瘓生理與思考的機能，這個人就算是死了，接著復活，卻只能用「爭奪」與「撕咬」的方式永遠活下去。很有趣的是聖經裡也有七罪，當中也有「暴怒」，佛教中也叫我們要遠離「貪、嗔、癡」，其中的「嗔」就是「暴怒」。

　　想想看，人什麼時候會產生「暴怒」的情緒？「暴怒」其實就是情緒激動的產物，當孩子做錯事時，父母親或老師常常會用吼叫的

方式對待做錯事的孩子，孩子不寫功課時，大吼：「還不快去做功課？」孩子只顧玩遊戲時，大吼：「不要再玩了！」孩子考試考不好時，大吼：「你考這什麼成績？」孩子放學晚回家時，大吼：「這麼晚才回來？你乾脆不要回來好了！」諸多情緒化的字眼，有用嗎？

## ·暴力，是會複製的

孩子從小就在這樣的溝通方式下成長，要不就是被罵得完全沒有自信，不然就是用相同的方式對待別人。舉個例子來說，我有個學生，每天被她媽媽吼著，我幾乎從來沒有看過她媽媽「好好」和他說話，特別是在我面前時（這也難怪，她媽媽是安親班老師，我在她媽媽的安親班教作文）。

每次去上課的時候總是聽見媽媽管小孩時高分貝的「吼叫聲」，一開始我很不舒服，但自己也帶過安親班的孩子，明白孩子有在時間內完成功課的壓力，為了讓孩子們儘快完成功課，安親班老師不得不吼叫。

再舉個親身的例子，小時候我母親也是用「打罵」和「吼叫」的方式在教我們做人處事的方法，又因為我是家裡最大的孩子，母親

認為只要管好我，就可以連帶影響其他弟弟妹妹，但是在我還小的時候，我只知道做錯事情就「應該」被打、被罵，卻不知道這只是媽媽的手段，等大了一點，媽媽要我幫她管好弟弟、妹妹，當弟弟、妹妹做錯事情，我也如法炮製，不管人是在家裡還是在街上，直接從頭上「巴」下去，然後一頓厲聲斥責，鄰居看到了便跑去跟我娘親告狀，說我怎麼那麼「恰北北」，當街打弟弟的頭。

我媽回到家之後又揍我，可是那時候的我只覺得莫名其妙，我明明是照著媽媽的話去做，而且媽媽也是這樣打我的，為什麼我不能打弟弟？不能揍妹妹？後來每次我要打他們的時候都躲起來偷偷打，而且嚴重恐嚇他們不准跟媽媽告狀。

現在回想起來，小時候的我真是「惡霸」，不過我當時完全是依照大人的方式在「教訓」弟弟、妹妹，一點也不覺得這是錯的，一直到後來長大了，我才察覺到這樣的「暴怒」會對別人造成傷害，接著才漸漸減少對弟弟、妹妹的毆打。

後來每次回憶起這些事情時，媽媽說我常「習慣性」的欺負弱小弟妹，我就會開玩笑地回她說：「跟你學的。」

## ·暴力管教，讓孩子失去自我控制力

我的一個大學同學最近花了很多錢和時間參加「心靈成長」的課程，老實說他到底在那個課程裡獲得了什麼，也從來沒有告訴過我，他總是說他「得到了很多」，但確實是什麼感受他也說不出來，或者是課程中心有暗示不能講明白也不一定，但從談話的過程中可以發現這是他在人際關係上產生困擾所致。

這個同學有一個很「厲害」的媽媽，從小用傳統打罵的方式教育孩子，而我同學的個性也屬於比較負面的那種，既然無法反抗，就只有消極的面對，從國小到國中都沒有學習動力，不過她媽媽很厲害的地方是，她知道自己的孩子不笨，讓她在國中的時候重考一年上了不錯的公立高中，高中三年依然不愛唸書，覺得唸書沒什麼目標，最後能衝刺考上大學的原因也只是「不想回到重考班那種不是人過的生活」。

好不容易大學熬過去，畢業之後面對工作依然得過且過，人家叫他做事他就照做，天氣不好要不要上班也得看她心情好不好，她心情不好不想上班，到公司也是做不了什麼事，她覺得不如不要去。不過她其實天資聰穎、思考和邏輯都很好，每次和她辯論的時候她都很會

抓別人的語病，以前在唸書的時候就不曉得為什麼老是不好好唸。

所以她老是換工作，永遠找不到一份安定又合她心意的，加上感情因素走不出自己設的圈套，鑽牛角尖，才終於去上「心靈成長」的課程，她在課程中才找到自己為什麼走不出來的原因——當她習慣了不斷被管制，就失去自我控制的能力，也失去了獨立生活的能力，當出了社會，需要更加獨立的時候，一下子沒有辦法自己在社會上立身處世，失去自信，也給自己的發展設限。這些其實很大一部份都起於小時候被管教的經驗。

## 大聲不見得有用，有理才是王道

很多老師和爸媽們求好心切，又因為自己工作的忙碌，導致當孩子有什麼狀況的時候，總是用「吼」的方式來處理。或許在孩子很小的時候還沒什麼反應，但當他們長大之後，尤其是進入青春期，他們開始會覺得被吼叫的感覺很不好，有的孩子面對爸媽親及老師的「吼叫」完全採取置之不理的態度，有的孩子則會跟著爸媽和老師一起「暴怒」。

以前我在一間私人小公司上班的時候，也遇過會對其他同事「吼叫」，甚至是會議上對我「丟筆」的老闆，看到老闆這樣對我，其他同事就開始找工作準備離職，我自己也不舒服，負責的專案告一段落也離職了。

　　但工作上遇到老闆對人吼叫，可以遞辭呈離開，對自己的父母親可沒有辦法這麼做，如果孩子想要離開，最多也只是在成年之後到外地唸書或工作，離開原生家庭，沒有辦法改變血緣關係，這樣的問題總有一天還是會不斷發生，惡性循環之下，親子關係愈來愈惡化，怎麼不令人感嘆呢？

　　在安親班的這段時間，通常是我情緒最不好的時候，因為不但孩子很吵鬧，安親班老師為了管制孩子的吵鬧也跟著加入高分貝的世界，這不是很諷刺嗎？我曾經問過孩子們：「你們覺得有事好好講比較好，還是我要像其他老師一樣用吼的？」孩子們都表示他們不喜歡聽到吼叫聲，吼叫聲讓他們覺得不舒服，他們認為用講的就可以了，他們也不喜歡老是被罵。

　　通常班級秩序不好的時候，我會在吵鬧聲中先沉澱自己的心情，然後走進他們的圈子裡，和他們輕輕地說：「安靜，不要講話，聽我

說。」一開始孩子們聽不到我在說什麼，就會跟著安靜下來，然後我就會持續小聲地說：「你們講話的聲音讓我也聽不到自己的聲音了。」接著孩子們就會自然而然安靜地聽我上課。

我們自己在學校上課的時候應該也有這種經驗，愈是吵鬧的班級，老師愈喜歡用高分貝的聲音大喊：「不要講話！」結果學生反而愈講愈大聲，愈來愈吵鬧，如果不是老師用力敲黑板或用麥克風說話，在底下講話的同學們根本聽不到老師要我們安靜的訴求，再大聲的「吼叫」也於事無補。

如果你經常對孩子吼叫或者體罰孩子，那麼請漸漸減少用這種方式溝通，因為這等於是讓孩子一直處在暴力的溝通模式下成長，最後只會把這些方式學起來，情緒變得容易激動，也容易出手傷人。

# 29 心裡有事口難開

　　為什麼大部分的父母都這麼愛「監督」孩子的成長呢？這或許源自於東方傳統的教養觀念認為：孩子是有待「形塑」的黏土，是為日後成為大人的準備時期，因此，我們為孩子準備好理想的模子，為了確保孩子可以成形，只好時時監督，確認孩子是否往正確的方向「形塑」。這樣的形塑概念，也往往成為親子衝突的最大根源。

## Story 教養小故事

　　隨著課業壓力越來越大，小琪和爸媽聊天的話題，都放在課業和考試成績上面，爸媽心想「為了將來好，現在辛苦一點，熬一下就過去了。」但是，情況越來越不妙，以前放了學後，像個廣播電台講個不停的小琪，現在放學以後，什麼話都不說，問三句答半句，爸媽擔心小琪的心情和學校生活，但卻無從了解，難道要偷偷上小琪的FB嗎？

## 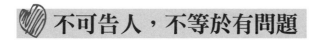 不可告人，不等於有問題

　　長久以來，「孩子的隱私權」似乎與「爸媽的教養權」有所衝突，雖然國際兒童權利公約第十六條表示「兒童有隱私權和要求通信保密的權利」；但實際上，孩子並不真的能夠擁有隱私權，根據曾做過的一項「台灣社會對兒童人權認知程度」民調報告顯示，兒童隱私權項目得分只有 20.36 分，有高達 75.1% 的成人同意「大人有權檢查孩子的書包及書信」。

　　其實，在進入劍拔弩張的青春期前，隱私權其實伴隨著親子的快樂回憶，許多爸媽應該也會記得，孩子愛說小秘密的甜蜜回憶吧！小小人兒總會有些小秘密，這些微不足道的小秘密，只跟「和我一國」的人說，透過擁有秘密、分享秘密，或「不可以告訴別人」，小小孩練習區別人我界線、享受著自我存在與主動掌控訊息的快樂！

　　到了青春期，孩子的成長任務，就是成為獨立個體，為爭取生命自主權，自然不會像小小孩一樣，那樣地依賴父母。如果家中的大孩子，還是乖乖地什麼都聽爸媽的，整天黏在爸媽身邊，不願意往外體驗與探索，爸媽反而才要擔心呢！

友緣基金會詹純玲老師就常提醒家有青少年的爸媽，要學著接受與體諒，每個人心裡有一塊不想和別人說的事情，包括孩子也是一樣的。

隨著年齡的發展，孩子在發展自我的過程中，慢慢會希望有「我」的一切感覺、掌控感越來越強，想要有自己的隱私權。這只是在學習自我主張的過程中，想要擁有「我」的感覺，不見得他一定做了不可告人的事。

爸媽千萬別抱持著：「如果我問他，他不回答我，一定有問題」的心態，孩子越是不說，爸媽就越是想要挖掘孩子的秘密，造成諜對諜大作戰，親子間當然也毫無信任度可言。

## 建立親子信任感，就不必再當偵探

與其等到孩子青春期後，再來當偵探偵察孩子的一言一行、手機訊息或部落格消息，倒不如從小建立起親子的信任感，讓孩子覺得爸媽和自己是一國的，不管發生什麼事情都願意和爸媽商量與討論。

如果在孩子小的時候，沒有建立這樣的信任感，不管孩子跟你說任何事時，你都很快地幫他做決定或斥責他，孩子就沒有這樣的信任感，等孩子長大你就更沒有辦法了解狀況。

怎麼讓孩子「敢講」呢？詹老師認為根本之道，就在於「平時親子溝通的過程中，爸媽要讓孩子感受到很多事是可以商量的。」

當孩子因為違反規則，在學校被處罰，回家後跟爸媽說，可能想要訴求安慰，或是自我告解，結果爸媽又把他罵一頓、或是再把他處罰一次，孩子當然就會選擇不講；或是孩子說他「交了一個女朋友」，結果爸媽說：「你現在還小，要專心念書。」話匣子一開，就被打斷，除了讓孩子有不被尊重的感覺，孩子也會覺得喜歡異性，是非常罪過的事，以後就不再告訴爸媽。

這時候，爸媽就掌握不了孩子，才會有當偵探的需要。

爸媽的教養方式，如果沒辦法鼓勵孩子發展真實的想法，說出真實的感受，去面對自己的矛盾，學著做選擇，只要求孩子不要犯錯，照爸媽說的來做的時候，這樣缺乏信任感的親子關係，常常會讓孩子

在遇到困難時，失去向爸媽求救的勇氣和機會。

「很多孩子闖禍後說的第一句話，就是『不要跟我爸媽說』。」看過太多這種個案的人本教育基金會副執行長謝淑美曾難過地說：「照理說，那時全天下最有可能支持他的，應該是他的爸媽！當全天下的人都不諒解他的時候，唯一想盡辦法要保護他的，應該是爸爸媽媽啊！」

為了不讓孩子在山窮水盡的時候，只想著「別讓爸媽知道」，甚至變成別人要脅孩子的手段：「乖乖照著我說的話來做，我就不跟你爸媽說」，爸爸媽媽一定要從孩子小的時候開始，用心建立親子溝通的管道，讓孩子相信「爸媽跟我是一國的！」

## 為親子存摺存入豐厚資產

我很喜歡一個「親子存摺」的比喻：在孩子小的時候，親子互動的溫暖與快樂回憶都是存款，等到孩子步入青春期以後，親子間的爭執就是支出，爸媽趁著孩子小的時候，好好和孩子相處，多存一點快樂的回憶，才不會等到將來「入不敷出」。

　　更好的是，即使孩子到了青春期，還是有「存款」機會。研究顯示，即使進入看重同儕意見的青春期，孩子仍然重視爸媽的意見與看法，並不如同許多大人所認為的「翅膀硬了，就不聽爸媽的話了」。

　　知名的文化評論家龍應台，為了「掙得」孩子的友誼，以家書方式和孩子溝通，因為她相信「親子之間雖然有愛，但是像朋友般的喜歡，要靠努力而來。」透過和兒子安德烈互通家書，三年 36 封家書，讓龍應台放下「自己心中的小安安」，認識一個獨立成熟的新朋友安德烈，也讓親子之間重新成為可以溝通的朋友。

　　即使每天見面，親子教養專家游乾桂還特地向女兒要 email 帳號，寫信給女兒。事隔多年以後，女兒還念念不地忘回憶著：「當時在看那一封信時，真不知道有多感動。」

　　如果爸媽覺得自己「實在筆拙」，沒辦法寫出感動孩子的信，還有一個更簡單的辦法。拜現代科技之賜，許多孩子都會有自己專屬的部落格，在部落格記錄自己的生活與心情點滴，這是爸媽了解孩子最快速便捷的辦法了。

雖然《親子天下》的調查顯示，有一半的孩子不願意讓爸媽知道自己的FB帳號和網址，爸媽還是可以誠懇地拜託孩子告訴你。在網路上，別忘了放下爸媽的「說教身分」，單純地當孩子的網友就好，傾聽孩子的心聲。

　　有興趣的話，不妨也建立自己的FB，遇到困難的時候，請教家中的孩子，讓孩子也透過FB建立和內容的分享，了解自己的爸媽「身而為人」的那一面，相信這也是親子互動一個全新的介面與轉機。

# 30 小小年紀 不准談戀愛

　　古人用「近朱者赤，近墨者黑」來提醒審慎交友的重要性。擔心孩子交到壞朋友的爸媽，也都將這句名言奉為最高守則，當孩子越來越大時，越緊張孩子的交友情形，深恐孩子一時不慎，交到了壞朋友，從此就步入歧途。

## Story 教養小故事

　　瑞瑞上了國中之後，爸媽注意到瑞瑞越來越愛漂亮，開始認真打扮自己，早上出門要在浴室摸半天，更常常要求爸媽給她錢，好讓她可以和同學一起出門逛街，買最流行的衣服。難得的假日，也不願意參與全家出遊的行程，寧願自己待在家裡上網，或是和同學相約到速食店讀書。看著漸行漸遠的孩子，爸媽擔心地想：難道瑞瑞是交了壞朋友嗎？我們是不是應該介入呢？

## 釐清「客觀問題」與「主觀問題」的差異

事實上，專家發現孩子的同儕並不會影響孩子的能力，而是孩子找到和自己擁有相同能力和價值觀的朋友，然後透過友伴間的互動與激發，強化原有的特質和價值觀。

說白一點就是，孩子不是因為交了愛打電玩的朋友，才變成電玩迷，而是因為彼此共同的興趣成為好友，然後共同「勉勵」對方，成為越來越強的電玩高手。

隨著孩子邁入青春期的腳步，親子之間也開始面臨各自的課題：孩子要掌握生活自主權、學習做決定，讓自己在情緒上和行為上做個能「獨當一面」的大人；爸媽要學著在更多的事情上放手，讓孩子練習自我管理、追尋自己的理想，一步步找到生活的夢想。

在《親愛的安德烈》(附註8)一書中龍應台寫盡全天下爸媽的心

---

 （附註8）《親愛的安德烈》由天下雜誌出版，龍應台、安德烈合著。

情：「我極不適應——我可愛的安安，哪裡去了？那個讓我擁抱、讓我親吻、讓我牽手、讓我牽腸掛肚、頭髮有點汗味的小男孩，哪裡去了？」而安德烈只是酷酷地回應：「我不是你可愛的安安了，我是我。」

面對青春期洶湧而來的挑戰，青少年學著獨當一面做自己，朋友的友誼，不但能讓他有歸屬感，青少年時期結交的朋友，往往也能成為孩子人際關係重要的基礎。面對家中的青少年，爸媽仍然可以發揮力量，以「最小干預」的原則，為孩子的交友護航。

友緣基金會詹純玲老師提醒爸媽「先釐清自己的價值觀。」到底什麼才是好孩子呢？如果爸媽的價值觀還是停留在「用功讀書、乖乖聽話」才是好孩子的單一價值，那麼你的孩子應該相當容易交到「壞」朋友吧？因為喜歡打球、喜歡逛街、喜歡打電玩的孩子，可能都會「帶壞」你的孩子。

對孩子來說，朋友的選擇，其實反應他的價值判斷，如果爸媽老愛挑剔孩子的朋友，其實孩子會感受到爸媽對自己的不信任和不尊重。

親子專家楊俐容則在文章中，教導爸媽要認清「主觀的困擾」與「客觀的問題」。比方爸媽不喜歡孩子交往朋友的個性穿著，只是主觀困擾；當孩子因為交了這個朋友，做出不適當、甚至違反規則的行為，就是造成客觀的問題。如果是前者就尊重孩子的選擇，少見為淨，但若是後者，爸媽就要介入處理。

## 先了解再行動

當孩子交到會傷害別人、常常破壞規則的孩子，這是在社會上不被容許的事。當孩子和這樣的孩子在一起，父母的擔心是可以理解的。不過爸媽在介入孩子的交友情形前，最好先做好功課。

詹純玲老師建議爸媽：「第一道防線是，先去了解。」爸媽應該要先了解：「為什麼我的孩子喜歡和他在一起？他有什麼吸力？他真的會影響孩子嗎？孩子的判斷是什麼？」比方說，當孩子交到一個愛講髒話的孩子，爸媽就要了解為什麼：是我的孩子也想這麼做，享受可以脫軌的感覺？還是，孩子根本沒有判斷是非，他只要有得玩就好了？又或者，孩子沒辦法交到其他的朋友，只有這些孩子能夠跟他一起玩？

　　如果孩子渴望著「脫軌的刺激」，爸媽可以在日常生活中提供健康的冒險活動，例如透過運動，挑戰自我極限。

　　針對想要表現出「我是大人了，我才不甩你」的孩子，親子不如約定共同完成困難的任務，像知名親子教養專家蘇修偉，就和小學畢業的孩子，一起騎單車環島，或是約好重新粉刷家裡的牆壁，用實際行動來教導孩子，除了「我不甩你」以外，還可以靠更積極的自我實踐，來向世界宣稱：「我長大成人了」。

　　如果是交友圈的問題，爸媽應該協助孩子去拓展社交圈：鼓勵孩子依自己的興趣和專長，參加學校或社區的社團活動，比方說參加話劇社，一起編寫劇本，參與演出，或是參與志工組織，獲得助人的快樂，增加見聞。

　　這樣一來，不但能讓孩子擴展生命視野、增進個人的能力，還能拓展交友範圍，讓孩子結識新的朋友，找到新的歸屬感，自然而然汰換掉一些可能不那麼適當的朋友。

## 建立正確的兩性觀念

　　當孩子進入青春期後，除了結交同性的朋友，孩子的異性朋友也是讓爸媽憂心的問題，擔心孩子「亂亂愛」，耽誤了學業，以致於影響未來的人生發展。加上現在的孩子，因為媒體的影響，往往比上一代的孩子更加早熟，常常在幼兒園中就會聽到孩子說：「某某某是我的女朋友」或是「等我長大後，要跟誰結婚。」

　　研究指出，人在發展人際關係時會經歷無性別期（幼兒）、同性群友（學童）、同性密友＋異性群友（青少年）和異性密友期等階段。一般來說，進入青春期的孩子，開始學著結交同性的密友，同時也會擁有一群異性的朋友，透過這個階段，孩子可以和異性朋友建立友誼關係，並且慢慢覺察自己的「偏好」，做為未來擇偶的準備。

　　爸媽應該正視這是「孩子正常的發展階段」。

　　在孩子開始對異性好奇，但還沒有進入「戀愛狀態」前，早點替孩子做好準備，開放和孩子討論兩性觀念：為什麼會想談戀愛？談戀愛會發生什麼事情？現在可以談戀愛嗎？如果對方要求你做不想做的

事，要配合嗎？……透過開放的討論，讓孩子理解「這件事是可以和爸媽商量的」。

接下來，還要讓孩子理解：每個年齡都有該做的事，在青春期有暗戀的人是很棒的，但應該要等到自己更成熟時，再進入更深入的兩人交往關係；爸媽還可以常常透過媒體報導做機會教育，傳遞自己認為正確的兩性觀念，同時也讓孩子有機會說說他的看法。

親子一起建立共識，定出清楚的規範，讓孩子了解什麼行為是可以接受或是不能跨越的，預先替孩子打好「預防針」，而不是一味禁止擔心，造成親子之間的摩擦衝突，也錯過給孩子引導的重要契機！

陪著孩子走過青春期，蛻變成一個獨立自主、勇於面對挑戰的人，將是當爸媽最辛苦、也最有成就感的美好人生課題！

# 附錄：教養商數測驗

　　以下問題皆為是非題，全數做答完畢後，可翻至下一頁的解答來看看自己的教養商數到底如何。不論對錯，皆可參考解答中所標示的頁碼，快速檢索、複習釐清更多的相關教養觀念與方式，有效避開雷點，輕鬆教出好孩子。接下來，就放鬆心情，依照你的想法來作答吧！

( ) 01. 平常工作忙碌，為了避免每次的分離焦慮（孩子哭鬧不止），將孩子24小時全日託給「可信賴的人」，是個好方法！？

( ) 02. 個性強一點的孩子，面對打罵，容易造成親子間不斷衝突跟對立，應避免使用體罰；但個性較溫和的孩子，很知道怎麼做才能避開棍子，可以快速透過責罵跟體罰瞭解自己犯錯的地方，加以改正！？

( ) 03. 現代父母都很忙碌，許多事情都要求速度，所以孩子的自理能力，例如：吃飯、穿衣服、洗澡等等生活小事，大人可以先幫忙孩子快速完成，因為等到孩子大一點，這些事自然而然就會了，或是到時候再來教！？

( ) 04. 孩子每次看到喜歡的玩具就要買，若是不答應，孩子總是在現場哭鬧個沒完。為了避免尷尬、不引人側目，父母最好先安撫，答應孩子的要求，回家後再處理！？

( ) 05. 「放下對孩子的期待，不要強求孩子成為你想要的樣子」，為了避免負面的評價，造成孩子的自信心低落，父母最重要的是什麼都不要管，對孩子不要有任何要求！？

( ) 06. 孩子還小，所以當他的想法或選擇和爸媽不同調時，為了保護孩子，不能溺愛，一定要當機立斷的否決，因為大人的想法才周全，唯有照著大人的建議來做，事情才會有結果！？

( ) 07. 現代孩子的教養，往往是在父母、祖父母、保姆的共同努力下完成的，讓每個教養者使用自己「擅長的方式」對待孩子是最佳方案，也可以讓孩子早日面對未來世界瞬息萬變的考驗！？

( ) 08. 為了避免孩子過於自滿、缺少競爭力，父母唯有不斷用「優秀的例子」來做比較，孩子才能看到一個不完美、不夠好的自己，也才能不斷保有持續進步的動力！？

( ) 09. 孩子每次考試總見他很認真的在唸書、在複習，但成績總是不如預期！這表示孩子的努力還是不夠，應該要督促規劃更多的時間在讀書上！？

( ) 10. 孩子的學習應該一開始就要建立規則，很多事情就要讓孩子清楚，哪些是他自己的責任、哪些是爸媽的責任。當孩子不愛寫功課，爸媽不可能代替他完成，可利用「集點法」來獎勵孩子，是個好用、速效的方法！？

( ) 11. 近年來有越來越多人發現「玩」對孩子的重要，透過遊戲，孩子各方面能力也獲得提升，爸媽應該謹慎挑選適合孩子的遊戲，有系統的讓孩子玩一些更有助益的玩具！？

( ) 12. 有些涉及規範的問題，比方說，孩子想在飯前吃餅乾，他會重複問「為什麼不行呢？」他要的不是一個未知的答案，而是想試試看能不能透過問題，來改變爸媽的決定，針對這種「為什麼」，應該忽略它！？

( ) 13. 為了讓孩子快樂學習、提高學習興趣，可以盡量為孩子選購不同的教學光碟、網路影片或優質電視節目，除寓教於樂外，孩子也能專注學習，並且透過反覆的練習，提高注意力！？

( ) 14. 當孩子在學校被同學欺負了，回來不敢說，更開始排斥上學。這時，爸媽應該要立即帶著孩子去學校請老師出面幫孩子出口氣；同時，要教會孩子學會自保，打要還手、罵要還口！？

( ) 15. 孩子平時什麼都不和爸媽說，即使對話，也是問三句答半句；不然就是一放學就把自己關在房間裡，上網、玩遊戲，爸媽根本無法得知孩子的狀態。為了能夠了解孩子、保護孩子，最好能想辦法上孩子的FB或IG！？

## [教養商數測驗] 解答篇

A01.✕「千萬不要 24 小時把孩子託給別人帶！」當我們把親子關係弄成這麼
　　　奇怪後，對孩子來說，爸媽久久才會出現一次的狀態，讓孩子沒辦法把
　　　情感寄託在爸媽身上，以免爸媽離開時，心情很難受，只好想辦法讓自
　　　己不再依戀父母。（更多更詳細內容，趕快翻閱第20頁。）

A02.✕ 個性較溫和的孩子，很知道怎麼避開棍子，可是長大後，常常不知道自
　　　己要什麼；甚至有的孩子，用「看人的臉色」來取代自己的感受和判斷，
　　　只要別人兇一點，他就趕快照這個人的意思做，在校園霸凌事件中被欺負
　　　的孩子，往往是這種類型。（更多更詳細內容，趕快翻閱第29頁。）

A03.✕ 孩子要有生活力，就要有自己做事的經驗，然而前提是爸媽要懂得放
　　　手，這正是最困難的地方。（更多更詳細內容，趕快翻閱第64頁。）

A04.✕ 若總是因為拗不過孩子而有求必應，那麼恐養成孩子予取予求的習慣；
　　　同時也影響了孩子對金錢的價值觀。（更多更詳細內容，趕快翻閱第84
　　　頁。）

A05.✕ 不強求，不代表要爸媽什麼都不管，對孩子完全沒有要求，爸媽還是要
　　　透過正面讚美，來稱許孩子做得對的行為，引導孩子往好的方向去發展。
　　　（更多更詳細內容，趕快翻閱第111頁。）

A06.✕ 如果孩子問你什麼事情，你總是給他負面的答案，那麼有朝一日，換
　　　成你問他事情的時候，他可能有樣學樣，也會回答你：「不可以！」
　　　（更多更詳細內容，趕快翻閱第120頁。）

A07.✕ 一致性的教養態度，能幫助孩子更有自信地成長。想像一下，小小孩在
　　　爸媽與其他教養者的照顧之下過日子，一下子要遵守爸媽的規則，一下
　　　子要聽阿公阿媽的話，實在是很辛苦。（更多更詳細內容，趕快翻閱第
　　　134頁。）

A08.✕ 在這樣競爭的狀態下，孩子不能容忍別人的進步，別人的努力和好，對
　　　他都是一種壓力，當別人不好時對他才有利，他會過度在意別人的眼

光，只覺得所有人都在等著看他失敗，等著嘲笑他，他自己也會偷偷評價別人。（更多更詳細內容，趕快翻閱第138頁。）

A09. ✕ 孩子若是在平時就無法聽懂或理解老師上課時的內容，即使回家花再多的時間來唸書也只是徒勞無功。此時，爸媽若能陪同孩子一起找出問題的癥結，才能有效對症下藥，解決問題。（更多更詳細內容，趕快翻閱第174頁。）

A10. ✕ 對於「集點獎勵法」，最好不要用，因為這很容易本末倒置，造成親子的衝突。更重要的是，當爸媽花了這麼大的力氣將孩子的成績拉拔起來，並不代表孩子真的比較有能力。（更多更詳細內容，趕快翻閱第207頁。）

A11. ✕ 遊戲應該是有趣、沒壓力的，所以爸媽不要得失心太重，而強迫孩子玩那些你自認為更有助益的玩具。此外，玩任何遊戲，孩子都有一定的發展歷程，建議你先讓孩子自由地玩一陣子，觀察孩子是否需要協助，再提供建議。（更多更詳細內容，趕快翻閱第237頁。）

A12. ✕ 爸媽要盡量講清楚「為什麼要如此」的理由，相信孩子基於了解和對你的在乎，會納入他的考量。你還要更有耐心一點，千萬不要責備孩子說：「到底要我講幾次，你才聽得懂啊？」請保持冷靜、堅持立場，溫和地再次重申自己的立場。（更多更詳細內容，趕快翻閱第247頁。）

A13. ✕ 習慣於影音系統的孩子，當回歸到正常的生活步調時，很容易無聊、注意力不集中，此外，研究更發現三歲以前，電視看得越多，到七歲時就越可能有無法專心的問題。（更多更詳細內容，趕快翻閱第255頁。）

A14. ✕ 當我們發現孩子因為特別弱勢的情況而受到不平等待遇時，就要審慎處理，因為這些都是後來演變成可怕霸凌事件的開端。（更多更詳細內容，趕快翻閱第283頁。）

A15. ✕ 長久以來，「孩子的隱私權」似乎與「爸媽的教養權」有所衝突，尤其到了青春期。建議爸媽千萬別抱持著：「如果我問他，他不回答我，一定有問題」的心態，爸媽越想要挖掘孩子的祕密，親子間的距離就會越來越遠。（更多更詳細內容，趕快翻閱第304頁。）

**好學習 057**

# 理解孩子心，教養就容易

## 3個階段X6大面向X30則實例，帶你走出育兒挫敗、終結教養惡夢。

| | |
|---|---|
| 作　　　者 | 凱信教養研究連線◎著 |
| 顧　　　問 | 曾文旭 |
| 編輯統籌 | 陳逸祺 |
| 編輯總監 | 耿文國 |
| 主　　　編 | 陳蕙芳 |
| 文字編輯 | 翁芯琍 |
| 美術編輯 | Ariel |
| 封面設計 | 吳若瑄 |
| 圖片來源 | 圖庫網站：Shutterstock、陸昕慈及徐裕家 |
| 法律顧問 | 北辰著作權事務所 |

| | |
|---|---|
| 初　　　版 | 2019年10月 |
| | 本書為《孩子，我愛你，所以想懂你！》之增訂版 |
| 出　　　版 | 凱信企業集團─凱信企業管理顧問有限公司 |
| 電　　　話 | （02）2752-5618 |
| 傳　　　真 | （02）2752-5619 |
| 地　　　址 | 106 台北市大安區忠孝東路四段250號11樓之1 |

| | |
|---|---|
| 定　　　價 | 新台幣320元 / 港幣107元 |
| 產品內容 | 1書 |

| | |
|---|---|
| 總 經 銷 | 采舍國際有限公司 |
| 地　　　址 | 235 新北市中和區中山路二段366巷10號3樓 |
| 電　　　話 | （02）8245-8786 |
| 傳　　　真 | （02）8245-8718 |

**國家圖書館出版品預行編目資料**

理解孩子心，教養就容易 / 凱信教養研究連線著.
-- 初版. -- 臺北市：凱信企管顧問, 2019.10
　　面；　公分
ISBN 978-986-98064-1-1(平裝)

1.親職教育 2.親子溝通

528.2　　　　　　　　　　　　　108014827

凱信企管

用對的方法充實自己，
讓人生變得更美好！

凱信企管

**用對的方法充實自己，**
**讓人生變得更美好！**